발언 III

KB064522

발언 III

김종철 칼럼집

2016. 1.~ 2020. 5.

녹색평론사

엮은이의 말

이 책은 근년에 작고한 김종철 전《녹색평론》발행인이 〈한겨레〉, 〈경향신문〉 그리고 〈민중의소리〉에 썼던 글들을 모아서 엮은 것이다. 역시 〈한겨레〉와 〈경향신문〉, 〈시사IN〉 등의 지면에 2008~2015년 사이에 칼럼 형식으로 발표했던 글들을 묶어서 펴내었던 것이《발언 I·II》인데, 이 책은 이후(2016년부터 2020년 봄까지) 발표된 원고들을 담은 그 후속 작업이라고 할 수 있겠다.

우리가 이 책을 엮은 목적은 일차적으로 고 김종철 발행인의 (성격이 비슷한) 원고들을 한자리에 모아서 선생이 생각하고 주장했던 바를 좀더 명확하게 이해하고, 새기기 위한 것이었다. 거기에 더해서 동시대의 이웃들과 다음의 세대에게 선생을 널리 소개할 수 있다면 보람이 클 것이라고 생각했다. 그러나 이미 발표되고 몇 해가 경과한 글들이 오늘과 내일의 독자들에게는 시효를 다한 것일 수도 있겠다고 판단했다면, 소중한 나무(종이)를 소모해야 하는 출판행위에 대해 주저하지 않을 수 없었을 것이다. 다행히도 이 책을 준비하는 과정에서 우리는 여기에 담긴 메시지가 여전히 시의적절할 뿐만 아니라, 어떤 측면에서는 오히려 지금에 와서 더욱 많은 이들의 공감을 얻을 수도 있겠다는 점을 거듭 확인할 수 있었고, 그 덕분에 '인류세'의 시대에 뚜렷한 생태적 족적을 남기는 일에 대한 죄책감을 조금이나마 덜 수 있었다.

한국사회에 소속된 지식인으로서, 김종철은 육신의 기력이 다하는 순간까지 자신이 보기에 지금 이 땅에서 가장 절실하다고 느끼는 메시지를 전하기 위해서 최선을 다했다. 선생은 당신에게 허락된 사회적 '발언'의 기회를 '특권'이라고 생각했고, 따라서 제한된 테두리 내에서나마 자신이 누리는 발언의 자유를 엄격한 기준과 책임감을 갖고 행사한 것으로 보인다(지식인의 사회적 발언의 무게에 대한 그의 생각은 《발언 I·II》에 게재된 머리말에 잘 드러나 있다). 그리하여 그는 몇 년이라는 시간이나 한국사회라는 물리적 공간에 구속되지 않고(물론 여기 소개된 글들은 칼럼이라는 성격으로 인하여 특정 사건이나 사태를 소재로 언급하고 있는 경우가 많지만), 근대 산업자본주의 체제의 마수 속에서 살아가고 있는 모든 사람을 향해서 보편적 진실을 발신하기 위해서 끊임없이 노력했다. 우리가 지금 이 책을 읽으면서 선생의 곡진한 육성을 듣고 있는 것 같은 생생한 느낌을 갖게 되는 것은 바로 그래서일 것이다.

전 세계에 걸쳐서 수년째 정치적·사회적·경제적 격랑이 지속되는 와중에, 번번이 과학자들의 예측을 넘어서는 기상이변들도 일상화하면서 '장기 비상상황'(제임스 쿤슬러)은 악화일로를 걷는 듯하다. 2022년 봄, 한반도 남쪽에서는 지구 생태계의 먹이사슬에서 결정적인 역할을 하는 꿀벌들이 집단적으로 실종되고 있다는 무시무시한 뉴스가 전해지고, 계속된 이상기후와 무관하지 않은 화마가 광대한 면적의 아까운 삼림과 수많은 우리 이웃과 목숨붙이들의 삶의 터전을 파괴했다. 근원을 따져본다면, 현재 우크라이나와 아프가니스탄 등지에서 벌어지고 있는 참상들도, 그리고 시대적 요구에 역행하는 것으로 보이는 한반도의 정치적·사회적 현실도 지구가 생물물리학적 한계상황에 와 있는 것과 무관하지 않다고 말할 수 있을 것이다. 즉 화석자원에 기반을 둔(지속가능하지 않은) 착취적 체제, 불평등과 폭력을 반드시 동반하는 성장시대가 종식되면서 노출하는 야만성으로 봐야 하지 않을까. 요컨대 기술적 방편이나 부분적인 보정작업으로는 오늘의 총체적 위기를 뚫고 나갈 수 없는 것이다. 돌파구는 산업문명을 급진적으로 청산하고 햇빛에 기반을 둔(지속가능한) 순환의 경제, 공생과 평화의 생태문명을 가져오는 것이고, 우리가 가장 먼저 해야 하고 마지막까지 할 수 있는 일은, 아무리 어렵더라도 냉소하거나 포기하지 말고 내가 조금 먼저 알게 된 진리를 이웃들과 나누기 위해서 노력하는 것일 터이다. 한 손에 담기는 이 작은 책의 무게가 결코 가볍지 않은 이유이다.

2022년 3월

김정현(《녹색평론》 발행인)

목차

I. 기본소득이라는 출구

위안부 문제가 해결되었다고?

2015년 6월 중국중앙텔레비전은 제2차 세계대전 승리 70주년을 기념하여 〈진실과 부인—독일과 일본의 전후 속죄〉라는 제목의 다큐멘터리를 방영했다. 이 다큐멘터리는 대규모의 잔혹한 전쟁범죄와 반인륜적 악행을 저지른 독일과 일본이 전쟁 이후 대외적으로 각기 어떤 태도를 취했으며, 그 상이한 태도의 배경이 무엇인지를 추적하는 내용이다.

흥미로운 것은, 이 기록영화가 메르켈 독일 총리의 연설로 시작되고 또 마무리되고 있는 점이다. 첫 장면은 2014년 베이징 방문 시 "독일인들은 전쟁 중에 자신들이 무엇을 하고 무엇을 하지 않았는지를 성찰해야" 할 것을 강조한 연설로, 마지막 장면은 2015년 도쿄 방문 시 "역사를 정직하게 대면해야 할" 필요성을 말한 메르켈의 연설로 채워져 있다. 중국인들이 다큐멘터리를 이렇게 구성한 이유는 명백하다. 즉, 식민지 지배와 전쟁범죄를 부인하고, 역사 교과서를 왜곡하고, 피해자들에게 사죄는커녕 끊임없이 모욕과 상처를 입혀온 전후 일본(국가)의 태도를 부각시키려 한 것이다.

다 아는 얘기지만, 독일과 일본은 과거사를 대하는 기본자세에서 신기할 정도로 대조적이다. 독일은 흔쾌히 과오를 인정했다. 그런 자세 때문에 유럽연합이라는 공동체의 성립이 가능했고, 그 결과 지금 독일은 유럽의 중추 국가로 중요한 역할을 하고 있다.

반면에 유태인 학살 못지않은 잔혹한 범죄와 악행을 저지른 일본(국가)은 단 한 번도 선선히 반성하고 사죄하지 않았다. 오히려 일본의 지배층과 그들에 의해 길들여진 젊은 세대 다수는 국제적 압력하에서 정부 고위층이 마지못해 행한 형식적인 '사과'에 대해 국내외적으로 비난과 비판이 가해지면 "대체 언제까지 사과를 반복하란 말이냐?"라고 볼멘소리를 하기 일쑤였다.

과거사에 대한 두 나라의 이처럼 뚜렷한 차이는 물론 '민족성' 따위로 설명할 수 있는 게 아니다. 그것은 매우 복합적인 요인과 배경에서 연유한다고 할 수 있다. 무엇보다 중요한 것은 두 나라가 처한 국제정치적 환경의 차이인지 모른다. 즉, 독일은 이웃나라들과 화해를 하지 않으면 새로운 세계 질서 속에서 국가·국민으로서 생존할 수 없다고 느꼈고, 일본은 자신들이 충실한 대미(對美) 의존 국가로 남아 있는 한, 동아시아 국가들과의 관계는 무시해도 좋다고 생각해왔기 때문일 것이다. 더욱이 전쟁이 끝나자 중국은 공산화되었고, 식민지에서 해방된 한반도는 둘로 쪼개져 서로 총부리를 겨누는 한심한 사회가 돼버렸다. 원래 이들 '미개한' 민족·백성들을 그나마 '근대화'시켜준 것이 일본제국이었는데, 왜 사죄를 해야 한단 말인가? 게다가 히로시마와 나가사키에 투하된 원자폭탄 때문에 일본인의 의식은 가해자가 아니라 피해자의 그것으로 바뀌어버렸다. 그 결과, 일본은 서양 제국주의의 침략으로부터 아시아를 보호하기 위해 식민지를 확보하고, 전쟁을 하지 않을 수 없었다는 논리가 어느새 주류가 돼버렸다.

그러나 정말 중요한 것은 객관적 정세나 외부적 요인보다 국가 지도층 혹은 엘리트들의 자질인지 모른다. 예컨대 전후 독일의 사상적·정신적 흐름을 규정한 결정적인 단초는 나치스 치하에서 교수직을 잃고 침묵을 강요당하던 철학자 카를 야스퍼스가 종전 직후 1946년에 행한 강연(《죄책의 문제》)이었다. 그는 전범들이 단죄되는 것은 당연하지만 독일 국민 전체가 죄인 취급을 받는 것은 곤란하다고 생각했다. 우선 일괄적으로 독일인 전체가 책임이 있다고 접근하면, 죄의 경중을 가려 엄히 심판해야 할 자와 그렇지 않은 자의 구분을 없앤다. 그뿐만 아니라 모든 독일인에게 책임이 있다는 얘기는 사실상 독일인 그 누구도 책임질 필요가 없다는 얘기가 되기 쉽다. 그러므로 정말 필요한 것은 독일인 개개인이 자신이 지은 죄만큼 마땅한 형벌을 받거나 책임을 져야 하며, 혹은 반인륜적인 범죄에 눈을 감고 있었다는 사실이나 적어도 살아남았다는 사실 자체에 양심적 가책을 느끼고 반성하는 자세이다(그래서 그는 죄의 종류를 법적인 죄, 정치적인 죄, 도덕적 죄, 형이상학적 죄로 나누어 설명했다).

야스퍼스가 세세히 나눈 죄의 범주에서 자유로운 독일인은 존재할 수 없었다. 비록 적극적인 악행에 가담하지 않았을지라도 독일인은 누구나 내면적으로는 죄의식을 가질 수밖에 없다. 따라서 독일인 각자는 치열한 내면적 성찰을 해야 하고, 그럼으로써 세계의 시민으로 거듭 태어날 수 있다는 게 야스퍼스의 생각이었다.

이와 극명히 대조적인 생각이 1945년 패전 직후 일본에서 나온 '일억총참회론'이라고 할 수 있다. 그러나 전후 최초의 (황족 출신) 총리 히가시쿠니노미야(東久邇宮)가 '일본 재건의 첫걸음'으로서 제창한 1억 인구 전체의 참회라는 이 논리에는 '타자'에 대한 죄의식은 전혀 들어 있지 않았다. 그것은 어디까지나 패전이라는 '통탄스러운' 결과를 초래한 일본 국민 자신의 나태함, 불성실을 참회해야 한다는 얘기였다. 철저히 내향적인 논리, 자폐적인 논리였다.

이것은 패전 직후 일본에서 나온 거의 모든 '책임론'의 기조였다. 좌파, 우파 간 별 차이도 없었다. 전후 최고의 민주주의 사상가로 평가받는 마루야마 마사오(丸山眞男)도 예외가 아니었다. 1946년 5월호 《세카이(世界)》에 발표된 논문 〈초국가주의의 논리와 심리〉는 어떤 점에서 독일에서 야스퍼스가 행한 강연의 일본판이라고 볼 수도 있다. 이 논문에서 마루야마는 일본을 지배해온 초국가주의는 천황을 정치적으로 이용하여 국민을 통제하려 했던 위정자들의 '논리'와 그것을 수용한 국민의 '심리'가 결합된 결과라고 논한다. 그러나 마루야마는 이런 초국가주의가 일본의 외부에 끼친 가해책임에 대해서는 거론하지 않는다. 초국가주의 혹은 파시즘으로 망가진 일본 내부의 상황에 시선이 집중되어 있는 것이다.

독일과 일본의 지성인·사상가에서 드러나는 이 차이는 그대로 정치지도자들의 행태로 연결된다. 물론 독일에도 반동적인 사상가나 정치가들이 존재하지 않는 것은 아니다. 그러나 나치 독일의 죄를 끊임없이 기억해야 한다는 입장은 독일에서 확실한 주류를 형성해왔다. 그런 흐름이 계속될 수 있었던 것은 가령 바이츠제커 대통령처럼 뛰어나게 양심적인 정치엘리트 덕분이라고 할 수도 있다. 그는 이스라엘을 직접 방문하여 눈물을 흘리며 참회했고, 독일 공군의 폭탄세례로 폐허가 된 영국의 옛 성당을 찾아서 깊이 사과했다. 그의 논리는 명쾌했다. "과거에 대해 눈을 감는 자는 현재에도 눈을 감는다." 즉, 현실을 제대로 보기 위해서 과거를 직시해야 한다는 것이다.

또 1970년에 빌리 브란트 총리가 폴란드의 유태인 희생자들을 기리는 추모비 앞에서 무릎을 꿇은 것은 유명한 이야기이지만, 독일 정치지도자들의 이런 자세는 정파, 성향을 초월한 것이었다. 지금 메르켈 총리의 '아름다운' 모습도 결국 그 연장선상에 있다고 할 수 있다.

정치적 양심과 용기, 지혜로움에서 독일과 일본 정치가들은 왜 이토록 다른가? 계속 연구해야 할 문제지만, 어쨌든 일본인들이 언제까지나 내향적·자폐적인 태도를 고집한다면 궁극적인 결말은 동아시아 전체의 공멸일 수밖에 없다. 그런데도 그들은 지금 돈 몇 푼과 얕은꾀로 위안부 문제를 "최종적, 불가역적으로 해결"했다고, "외교적 승리"를 거뒀다고 기고만장해하고 있다. '일본군 위안부' 문제란 인간적 양심으로는 절대로 용납할 수 없는 악행, 참혹한 인권유린의 문제이다. 진심 어린 사죄와 무거운 책임의식 없이 이 문제의 '해결'이 가능하다고 생각하는 한없이 우열한 자들이 일본과 한국의 정치를 지배하고 있는 이 통탄스러운 세월은 언제까지 계속될 것인가?(한겨레, 2016-1-8)

농민에 대한 존경심이 없는 사회

100일이 지났다. 작년(2015년) 11월 14일 경찰의 무자비한 물대포 공격으로 치명적인 뇌 손상을 입고 코뼈가 부러지고 만신창이가 되어 병원으로 옮겨진 이후, 그는 아직 병원 침대에 누워 의식을 되찾지 못한 채 사경을 헤매고 있다. 나는 이제라도 그가 기적처럼 깨어나 가족들과 '재회'의 기쁨을 누렸으면 하는 마음이 간절하다. 농민 백남기와 그의 가족을 위해서라기보다 우선 나 자신을 위해서 그렇다. 어쩐지 그가 영영 의식을 되찾지 못하고 그냥 저세상 사람이 돼버린다면 큰 죄책감에 시달릴 것 같은 예감 때문이다.

이 비슷한 기분은 예전에도 몇번 있었다. 가장 뚜렷이 기억나는 것은 2003년 9월 멕시코 칸쿤에서 이경해 씨가 자신의 심장에 칼을 찔러 자결을 했다는 충격적인 뉴스를 들었을 때였다. 당시 세계무역기구(WTO)가 전 세계 농산물 시장의 전면적 개방을 목적으로 제5차 각료회의를 개최한 곳이 칸쿤이었다. 이경해 씨는 그 각료회의의 결정에 대한 결연한 항의 표시로 목숨을 바쳤던 것이다. 오늘날 세계 어디서나 농민(소농)은 농사마저 상품논리로 돌아가는 세태 속에서 벼랑 끝에 몰려 있다는 것은 우리가 다 아는 상식이다. 하지만 칸쿤으로 모여든 세계 각국의 농민들 중 극단적인 행동을 감행한 농민이 하필이면 한국인이었다는 사실은 너무도 충격적이었다. 우리 농민들의 상황은 내가 짐작해온 것보다 훨씬 더 절망적이라는 것을 그것은 웅변적으로 말해주었기 때문이다.

그러나 농민들에 의한 이런저런 호소와 항의의 목소리들이 계속됐음에도, 농민과 농촌을 대하는 이 나라 정치와 주류 세력의 자세는 조금도 달라지지 않았다. 오히려 농촌 현실은 줄곧 더 심한 공동화·황폐화로 치달아왔다. 그 연장선상에서 '백남기 사태'가 벌어진 것이다.

경찰의 잔혹한 물대포가 하필이면 왜 그날 시골에서 상경한 한 늙은 농민—그것도 평생 정의로운 사회와 올바른 농사를 위해서 헌신해온 농민운동 지도자—에게로 향했을까? 내게는 이것이 단순한 우연으로만 보이지 않는다. 거기에는 지난 몇십 년 동안 개발독재, 급속한 산업화·도시화 그리고 경제성장 과정에서 철저히 농촌과 농민을 희생시켜왔던 '폭력'의 구조와 메커니즘이 집약적으로 상징돼 있는 것으로 느껴지는 것이다.

그러나 농민과 농촌의 희생을 당연시하는 풍조는 비단 이 나라의 지배층에 한정된 게 아니다. 수많은 도시주민들과 이른바 '교육받은' 지식인들도 근본적으로는 마찬가지라고 할 수 있다. 일반적으로 특별한 예외를 제외하고 대부분의 도시민들은 나날의 생활 속에서 대부분 농사라는 것을 잊고 산다. 도시의 거리거리마다 음식점과 레스토랑이 넘쳐나지만, 사람들은 대개 자신이 먹는 것들의 출처와 경로에 대해서 아는 바도 없고, 알려고도 하지 않는다. 생각해보면 기이한 현상이지만, 식품과 농사의 연관성은 많은 도시민들의 관심 밖에 있다.

실은 나 자신도 예외는 아니다. 한때는 내가 먹는 것들이 어디서 어떻게 길러져 여기까지 왔는지 꽤 예민했지만, 언젠가부터 둔감해져버렸다. 더 정확히 말하면 체념해버렸다고 해야 할지 모르겠다. 내가 먹는 식품들이 어느 나라에서 왔는지, 유독성 화학물질로 범벅이 되거나 방사능으로 오염된 땅이나 바다에서 생산된 게 아닌지, 어떤 재벌회사의 손을 거쳐 얼마나 많은 화석연료를 태우며 수백, 수천, 혹은 수만 킬로미터를 돌고 돌아 여기까지 온 것인지, 개인이 일일이 따지는 것은 오늘날과 같은 '시장개방 시대'에는 너무도 힘든 일이고, 따져본들 제대로 알 수도 없는 노릇이다. 그러다 보면 결국 체념이 습관이 되고 만다.

그런데 정말 무서운 것은 그러한 체념이다. 그 체념 때문에 이 나라의 농민들이 농사다운 농사를 짓는 것은 극히 어려운 일이 되고, 또한 농민들은 철저히 소외된 채 끝없이 궁핍한 삶을 강요받게 되는 것이다. 생각해보자. 오늘날 쌀값은 20년 전 값 그대로이다. 지금 우리의 한 끼 식사에 들어가는 쌀값은 커피 한 잔 값의 10분의 1도 안된다. 지난 35년간 대학등록금이

열두 배 오르는 동안 쌀값은 겨우 세 배 올랐다는 통계도 있다. 35년 전에는 쌀 열다섯 가마 정도면 1년치 대학등록금을 마련할 수 있었으나 지금은 쉰 가마를 팔아도 모자란다. 원래 우리 농촌에서 3만 평 농사를 짓는다는 것은 대단한 부농이었다. 그러나 지금은 3만 평의 농사를 지어도 1년 한 가족의 생활비도 충당하지 못하게 되었다.

이처럼 기막힌 현실이니만큼 선거 때가 되면 단 한 표가 아쉬운 정치꾼들은 쌀값 인상, 농산물 제값 받기 등을 공약으로 제시하게 마련이다. 하지만 선거가 끝나면 그 공약은 물거품처럼 사라진다. 지난해 11월 물대포 공격을 당하기 전, 백남기 회장(전 광주대교구 가톨릭농민회)이 참가했던 전국농민대회는 후보 시절에 쌀값 인상을 철석같이 공약해 놓고는 선거 후에는 그 약속을 헌신짝처럼 버린 현 대통령의 행태를 규탄하기 위해서였다.

물론 농촌과 농민을 절망에 빠뜨린 것은 현 정부 탓만은 아니다. 이 절망적인 현실은 언제부터라고 딱 잘라 말할 수도 없이 오랫동안 계속돼온 이 나라 주류 사회의 뿌리 깊은 농사 경시 풍조, 그리고 무엇보다 역대 정부의 분별없는 농정(혹은 농정의 부재)이 빚은 필연적인 결과라고 할 수 있다. 하지만 현 정부의 무책임한 태도는 그중에서도 백미라고 하지 않을 수 없다. (세월호 희생자 가족에게 그렇게 해왔듯이) 정부는 농민 백남기를 저렇게 만들어 놓고도 100일이 지난 지금까지 아무런 사과도, 책임자 조사도, 처벌도 하지 않고 있다. 길을 가다가 어깨를 부딪쳐도 얼른 사과를 하는 게 사람 사는 세상의 법도인데도 말이다.

정부의 이러한 무책임, 아니 이러한 '자신감'은 어디서 연유하는 것일까? 갈수록 줄어드는 인구(1990년 750만 명이었던 농업인구는 지금 270만 명으로 줄었다)와 급격한 고령화로 이제 전국적인 선거판에 별 영향을 미칠 수도 없는 농촌 상황을 계산에 넣은 탓일까?

우리가 농사문제를 결코 외면할 수 없는 것은 물론 '식량안보' 때문이다. 식량(그리고 에너지)의 자급은 언제나 국가의 최우선 과업일 수밖에 없다. 그런데도 한국 정부와 지배층은 대부분의 식량을 수입에 의존하고 있는(위험천만한) 구조를 수정할 생각이 전혀 없는 모양이다. 농민들을 완전히 죽이기로 작정하지 않았다면 이처럼 마구잡이로 식량을 수입하고, 농민들과 한마디 의논도 없이 '자유무역협정'들을 밀어붙일 수는 없을 것이다. 더욱이 지금은 기후변화 시대이다. 세계 도처에서 일상화된 기상난조로 농사는 갈수록 예측 불가능한 모험이 되고 있다.

그러나 무엇보다 중요한 것은 토양보존 문제이다. 인간문명의 근본 토대는 단 6인치의 깊이에 불과한 토양층(표토)이다. 흙(humus)을 떠나면 우리는 더이상 인간(humans)이 아니다. 화려했던 고대문명의 멸망 원인은 거의 예외 없이 토양의 소멸, 즉 사막화 때문이었다. 지금도 중국은 쓰나미처럼 밀어닥치는 사막화 때문에 골머리를 앓고 있다. 지난 50년간 중국의 북서 지역에서 사막화 때문에 사라진 마을은 2만 4,000개를 넘었다. 더욱이 화학물질과 기계를 남용하는 농사의 상업화가 세계 전역을 지배하면서 토양층 소실은 한층 가속화되었다. 그 결과 지난 40년간 지구의 경작 가능 토지 중 약 15퍼센트가 이미 돌이킬 수 없이 사막화되고 말았다. 사실상 재생 불가능한 자원인 이 토양층은 오직 정성스럽게, 과욕을 부리지 않고 땅을 돌보는 사람들, 즉 토착 농민들에 의해서만 보존될 수 있다. 농민에 대한 존경심이 없는 사회의 귀결은 파멸뿐이다.(한겨레, 2016-2-26)

"투표라는 것 해야 합니까?"

택시를 타면 편하기는커녕 곤혹스러울 때가 많다. 근년에 들어 부쩍 고령의 택시기사들이 많아졌고, 그들 대부분은 낯선 승객을 상대로 '정견 발표'를 하기 일쑤이다. 승객의 반응이 신통찮으면 목소리가 커지는 사람도 있다. 그래서 가급적 택시를 안 타기로 작정하고 지내는데, 엊그제는 조금 멀리 나갔다가 밤늦게 어쩔 수 없이 택시를 타야 했다. 제법 달렸는데도 늙은 운전사가 말이 없었다. 이 선거철에 이런 경우는 드문 '행운'이다. 다소 느긋한 기분이 되어 창밖을 무심히 내다보고 있는데, 갑자기 퉁명스런 목소리가 들렸다. "도대체 투표라는 것 해야 하는 겁니까?"

들어보니, 그는 이른바 '무당파'였다. 수십 년간 택시영업을
해왔다는 그는 오래전부터 선거날에는 투표소로 가지 않고 시
골로 가서 개를 잡아먹곤 했는데, 이번에도 그렇게 해야겠다
고 말했다. 냉소적인 어조로 봐서 그가 정치 자체에 대해서 무
관심한 것은 아니었다. '개고기' 운운하는 것은 이 나라 정치
판이 너무나 한심하고, 꼴 보기 싫다는 말이었다. 그는 확신을
가지고 말했다. "선거 백번 해도 하나도 안 바뀌는데 뭣 땜에
투표합니까?"

나는 이의를 달 수 없었다. 그의 말이 조금도 틀린 게 아니
었기 때문이다. 물론, 지금 우리가 보는 이 역겹고 절망적인
정치상황에 대해서는 사태를 이 지경까지 만들어온 장본인들
의 책임을 엄중히 추궁해야 마땅하다. 하지만 동시에 또 생각
해야 할 것은, 상황이 어느 정도 개선된다 하더라도 지금과 같
은 대의제 민주주의라는 틀을 가지고 실질적인 사회변혁을 성
취하는 데에는 명백한 한계가 있다는 점이다.

우리는 민주주의라고 하면 곧장 선거를 생각하지만, 그것은
오해이다. 본시 민주주의란 인민의 자치(자기통치)를 의미한다.
이 사실은 아무리 강조해도 지나치지 않다(인구가 많고 복잡한
현대사회에서 인민의 자치는 가능하지 않고 가능한 것은 오직 대의제
민주주의뿐이라는 논리는 부르주아 학자·지식인들이 광범하게 유포시
켜온 상투적인 거짓말이다).

어쨌든, 인민의 자치가 민주주의라면, 선거로 대표자를 뽑

아 그(들)에게 통치를 위임하는 것은 오히려 민주주의의 원리에 반하는 것이다. 왜냐하면 선거란 어떤 경우에도 '엘리트들'만이 선출될 수 있도록 고안된 메커니즘이기 때문이다. 이 점은 고대 그리스 이래 거듭 확인돼왔던 문제이다. 아테네 민주주의의 작동방식을 면밀히 고찰했던 아리스토텔레스는 선거란 '귀족'(엘리트)이 지배하는 과두정치를 위한 것이고, 민주정치를 위한 방법은 제비뽑기라는 것을 명확히 밝혔다. 이것은 고대, 중세를 거쳐 근대 초기에 이르기까지 거의 모든 정치사상가의 자명한 상식이었다.

그럼에도 어느 땐가부터 선거에 의한 대의정치가 '민주주의'를 참칭하기 시작했다. 대체로 이것은 서양에서 부르주아계급이 사회경제적 중심 세력으로 부상하는 과정에서 생겨났지만, 결정적인 계기는 미국의 건국 과정이었다. 아메리카 독립전쟁을 성공적으로 이끈 다음 이른바 '건국의 아버지들'이 직면한 중심 과제는 새로운 나라의 통치형태를 선택·결정하는 일이었다. 그들은 자신이 대항해서 치열하게 싸웠던 유럽의 낡은 통치형태, 즉 군주제를 채택할 수는 없었다. 그러나 동시에 독립전쟁 이전 뉴잉글랜드의 자연발생적인 자치 조직('타운미팅')의 전통을 살리는 통치형태를 받아들일 수도 없었다. 왜냐하면 그들은 무엇보다 부유한 엘리트 계층이었고, 새로운 나라의 통치 주체는 엘리트 계층이어야 한다는 그들의 신념은 확고했기 때문이다.

그 결과 만들어진 것이 사실상 국왕이나 다름없는 대통령을 중심으로 하는 행정부, 의회 및 사법부로 구성된 연방공화국 체제였다. 그리고 대표자는 선거에 의해서 선출되도록 규정되었다. '건국의 아버지들'은 자신들의 모델이 고대 아테네 민주주의라고 말했으나 실은 아테네 민주주의의 알맹이(제비뽑기)는 제거돼버렸다. 이것은 물론 고의적인 것이었다. 제비뽑기로 지도자·대표자들을 선출한다면, 다수 인민, 즉 무산자들이 정치를 지배하게 될 가능성이 높고, 그리되면 '엘리트들'의 지위가 흔들릴 것이라는 두려움이 있었기 때문이다. 요컨대 헌법을 제정하고 통치체제를 선택할 때, 그들의 핵심적 목표는 무산대중이 정치의 주체가 되는 사태를 근원적으로 차단하는 것이었다.

그러한 그들의 의도는 지금까지 거의 완벽하게 관철돼왔다. 그리고 그들이 설계한 대의제 민주주의라는 메커니즘은 자유와 평등, 인민의 행복을 보장하는 가장 합당한 시스템이라는 그럴듯한 명분 밑에서 세계 전역으로 확산되었다. 하지만 이 시스템으로는 낡고 부패한 기존의 사회질서를 근본적으로 혁파하는 게 거의 불가능하다는 것을 그동안의 역사는 여실히 보여주고 있다. 이 점을 미국 작가 마크 트웨인은 풍자적으로 날카롭게 지적했다. "선거로 정말 사회가 바뀔 수 있다면 선거는 벌써 불법화되었을 것이다."

지금 세계의 양심적인 지식인들이 공통적으로 우려하는 것은, 현재의 서구식 민주주의로써 인류사회가 직면한 엄중한 위기들에 대응할 수 있느냐 하는 것이다. 실제로 기후변화를 비

롯한 온갖 환경위기, 극심한 경제적 양극화 현상 등은 이대로
가면 조만간 인간 생존의 자연적 토대가 붕괴되고, 공동체 자
체가 해체·파괴될 것임을 분명히 예고하고 있다. 파국을 막기
위해서는 결국 정치가 합리적으로 돌아가지 않으면 안된다.

그러나 근본적으로 엘리트들의 배타적인 이익을 위해 고안
된 비합리적인 정치시스템으로 어떻게 합리적인 정치를 실현
할 수 있을까? 하지만 우리는 어떻게든 이 난제 중의 난제를
풀지 않으면 안된다. 지금으로서는 기왕의 대의제 시스템에
조그만 균열이라도 내는 것이 중요한 것으로 보인다. 아무리
엘리트들을 위한 강고한 시스템이지만, 지혜롭게만 행동한다
면 선거를 다수 민중의 이익을 위한 계기로 만들 여지가 있을
것이라는 믿음을 우리가 포기해서는 안된다. 아무리 썩은 시
스템, 불합리한 선거제도일지라도, 우리에게는 지금 선거 이외
에 조금이라도 정치를 바꿀 수 있는 길이 없는 이상, 선거판에
적극적으로 개입하는 수밖에 없다.

일찍이 대영제국의 강압적 식민통치에 맞서려는 투쟁 속에
서 간디가 찾아낸 것은 '소금행진'이라는 기상천외의 비폭력
주의 저항운동이었다. 소금에 대한 독점·전매권을 주장하는
식민당국의 방침에 맞서서 혹심한 탄압을 무릅쓰고 소금을 스
스로 만들어 쓰는 자립, 자급의 운동을 전개함으로써 인도 민
중이 마침내 식민통치에서 해방되는 길이 열렸던 것이다.

지금 당장 우리에게 가능한 '소금행진'은 어떤 게 있을까?
나는 이번 선거에 뛰어든 진보정당들이 국회에 진출할 수 있

도록 돕는 일이라고 생각한다. 진보세력의 정치참여를 극도로 제한하고 있는 한국의 선거제도 아래에서 오늘날 신생 진보정당이 국회에 진출하는 것은 낙타가 바늘귀를 통과하기보다 더 어렵게 되어 있다. 그럼에도 이것을 뚫지 않으면 늘 거대 여당의 독주를 견제하기 위해서 기존 야당을 지지하는 수밖에 없다는 논리, 그리고 그 논리의 귀결로서 '아무것도 바뀌지 않는 현실'이 계속될 수밖에 없다.

다음 주 나는 녹색당을 지지하기 위해 투표장으로 갈 것이다. 녹색당을 지지하는 이유는 단순하다. 오늘날 선거제도의 모순을 직시하면서, 평민이 정치의 주체가 되어야 한다는 민주주의의 근본원리를 분명히 표방·실천하고 있는 유일한 정치 그룹이기 때문이다. 녹색당은 제비뽑기로 대의원을 뽑고, 불의와 부조리가 판치는 온갖 삶의 현장에서 치열하게 싸워온 풀뿌리 활동가들로 비례대표 후보자들을 구성했다. 그리고 녹색당의 선거 공보물은 단 한 장의 종이에 소박하게 인쇄되어 있을뿐더러, 오늘의 위기상황에 대해 가장 정확한 진단에 입각한 구체적인 공약들을 담고 있다.(한겨레, 2016-4-8)

영어 광풍 속의 한국문학

작가 한강의 소설이 세계적으로 중요한 문학상을 받았다.

반가운 소식이다. 한국인들은 언제부터인지 늘 '국제적인 인정'(특히 서양인들로부터의)을 받는 것에 목말라 있다. 스포츠도 좋고, 영화도 좋고, 문학도 좋다. 국제무대에서 한국인이 무엇이라도 성취를 해낸 소식이 들리면 무조건 기분이 좋고, 온 나라가 들썩거린다. 굳이 이런 분위기를 '촌스럽다'고 말하는 한국인들도 있지만, 그런 자조적인 태도 자체가 서양 콤플렉스의 산물인지도 모른다.

여러 해 전 일이지만, 일본의 평론가 가라타니 고진(柄谷行人)이 소설가 무라카미 류(村上龍)와 어떤 지면에서 대담을 하면서 "최근에 한국에 가서 보니까 노벨 문학상에 대한 관심이 굉장하던데, 당신은 작년에 누가 노벨 문학상을 받았는지 아느냐?"라고 묻는 대목이 있었다. 상대방의 대답은 "글쎄, 누구였지? 전혀 모르겠는데"였다. 요컨대 일본의 문학계에서는 노벨상 따위에 관심있는 사람은 거의 없다는 뜻이었다.

하기는 이미 두 차례나 노벨 문학상을 받았고, 스무 명 이상의 과학자가 과학 분야 노벨상을 받은 바 있는 일본으로서는 당연한 현상인지 모른다(그리고 노벨상은 원래 세계의 양심적인 시민들 사이에서는 별로 평판이 좋은 게 아니다. 일찍이 버나드 쇼는 살생과 파괴의 수단인 다이너마이트를 발명하여 돈을 번 노벨의 죄도 크지만, 세계의 인재들을 서열화하는 노벨상을 만든 것은 가장 용서할 수 없는 죄라고 통렬히 야유했고, 이 발언에 공감하는 사람이 많았다).

그러나 일본의 지식인들이 노벨상 같은 것에 흥미를 보이지 않는 보다 근본적인 이유가 있다. 그것은 그들이 비서구권 문화 속에서 서양인들과 다른 언어로 작업을 하는 지식인들로서, 사용 언어가 결정적으로 중요한 문학작품의 경우 서양어로 창작되거나 서양어로 번역된 작품만을 심사할 수밖에 없는 '국제적' 문학상의 근원적인 허망함을 알고 있기 때문이다. 이번 경우에도, 한국 작가가 쓴 소설 《채식주의자》가 '맨부커 인터내셔널 상'을 받았다고 하지만, 엄밀히 말하면 실제로 상을 받은 것은 어떤 젊은 영국인이 옮긴 영역본 소설(*The Vegetarian*)이다. 물론 원작이 없으면 번역본도 있을 수 없다. 하지만 맨부커상 심사위원들이 한국어로 한강의 소설을 읽은 게 아니라 영어로 번역된 소설을 읽었다는 것은 결코 간과할 수 없는 사실이다. 요컨대 그들이 읽은 것은 한국 소설이 아니라, 그 한국 소설의 메시지를 서양인들의 인지능력으로 대충 가늠할 수 있도록 옮긴 영어 소설이었다.

문학의 경우는 매우 심하지만, 무슨 책이라도 원작과 번역 사이에는 언제나 간극이 존재한다. 그것은 아무리 메우려 해도 완전히 메워지지 않는다. 이번에 상을 받은 소설 《채식주의자》의 경우는 웬만큼 원작의 정신과 기분을 영어로 표현하는 게 가능했기 때문에 영역본이 나왔을 것이다. 그러나 한국 근대소설의 가장 큰 봉우리라고 우리가 흔히 말하는 벽초의 《임꺽정》같은 작품이 과연 영어로 번역되는 게 가능할까? 말할 수 없이 풍부한 토착어와 그 토착어를 기반으로 살아가는 전통사회 조선의 사회상과 민중의 의식과 생활정서가 종횡무진 생생하게 묘사된 이 작품이 영어로 번역될 수 있으리라고는 상상하기도 어렵고, 설령 번역된다 한들 원작의 진수를 (한국어를 모르는) 외국인들이 이해할 수 있을 것인가?

이 점과 관련해서 일본문학을 전공하는 미국인 학자들의 흥미로운 증언이 있다. 그들에 의하면, 일본 근대문학의 가장 뛰어난 유산이자 지금도 '현재적 작가'로 널리 읽히고 있는 나쓰메 소세키(夏目漱石)의 작품을 영역본으로밖에 읽지 못한 일반 미국인 독자들에게는 왜 일본에서 소세키가 '문호'로 평가받는지 도저히 짐작조차 되지 않고, 오히려 '국수주의적' 메시지를 드러내면서도 실은 뿌리 깊이 서구적 감수성에 침윤돼 있는 미시마 유키오(三島由紀夫) 같은 작가가 훨씬 이해하기 쉽고 친근하게 느껴진다는 것이다. 결국 번역을 통해서 얼마만큼 원작의 분위기를 전달하는 게 가능한가라는 문제가 이런 결과를 가져온다고 할 수 있다.

이 점을 철저히 의식하고 있었던 사람은 가와바타 야스나리(川端康成)였다. 그는 자신의 작품 《설국》이 노벨 문학상 수상작으로 결정됐다는 소식을 듣자마자 그것은 자신이 아니라 자기 작품을 영어로 번역한 미국인 에드워드 사이덴스티커가 받아야 할 상이라고 '냉정하게' 말했고, 그 자신 영어를 모르는 사람이 아니었지만 노벨상 수상 연설은 관행을 깨고 일본말로 했다(그 후 얼마 뒤 가와바타가 자살을 한 것은 노벨상 수상 작가라는 딱지 때문에 생활이 몹시 번거로워진 상황에 심한 염증을 느꼈기 때문이라는 설이 있다).

이처럼 다른 언어, 다른 문화권 사이에 존재하는 장벽을 시원하게 넘어서는 게 실제로 불가능한 일이라면, 우리들 한국인이 아예 처음부터 국제어(영어)로 작품을 쓰면 되지 않을까 하는 생각을 해볼 수 있다. 그러나 말할 필요도 없이 그것은 매우 어리석은 생각이다. 그게 가능할 리도 없지만, 만일 가능하다 하더라도 그때는 한국 작가가 세계의 다른 문화권 사람들에게 전달해줄 새로운 것, 흥미로운 것 자체가 없어질 것이다. 외국인들이 한국 문화나 문학예술에 관심이 있다면, 그것은 자기들에게 익숙하지 않은 그 무엇을 발견하고, 경험하고 싶기 때문이다. 그런데 한국 작가들이 한국어를 버리고 영어로 글을 쓰는 순간, 외국어(특히 서양어)로는 절대로 표현할 수 없는, 그러나 가장 중요한 한국인들의 온갖 구체적인 내면적·외적 상황은 배제될 수밖에 없다. 그렇게 되면 남는 것은 추상적이고 공허한 일반적 경험에 대한 묘사나 진술일 것이며, 거기에 흥미를 갖고 반응하는 외국인 독자는 없을 것이다.

실제로, 머리로 학습한 외국어가 아니라 태어나서 자기도 모르게 몸으로 익힌 말로 느끼고 생각할 때라야 우리는 가장 자유롭게, 가장 능숙하게 사물을 인지하고 표현할 수 있다. 따라서 자신에게 가장 편하고 가장 익숙한 언어, 즉 자신의 모어(母語)로 작업할 때만 정말로 가치있는 문학, 학문, 문화적 성취가 가능해진다는 것은 움직일 수 없는 진리라고 할 수 있다. 그런데 지금 한국사회는 이 진리를 갈수록 외면하고, 글로벌화 시대의 경쟁에서 살아남기 위해서는 무엇보다 영어를 잘해

야 한다면서 온 나라가 믿기 어려울 정도로 영어에 미쳐 돌아
가고 있다.

그중 가장 개탄스러운 것은 대학에서 강의를 영어로 하는
강좌 수가 급격히 늘어나고 있는 현실이다. 이른바 명문 대학
일수록 한국인 선생이 한국인 학생들을 상대로 영어로 강의를
하는 실로 부조리한 풍조가 역병처럼 창궐하고 있다. 한때 한
국의 가장 우수한 과학영재를 기른다는 대학에서는 중국어나
일본어 같은 외국어도 우리말이 아니라 영어로 가르쳐야 한다
고 고집하는 총장이 있었다.

대학의 영어강의 문제는, 생각하면 할수록, 기막힌 문제이
다. 그런데도 이상하게 이 사회는 아무런 진지한 토론도 논쟁
도 없이 그냥 당사자들 사이에서 영어강의의 단순한 효율성에
대한 불평들(예컨대 "못 알아듣겠다", "강의의 질이 떨어진다" 등등)
만 거품처럼 솟았다가 사그라지고 있다. 그러나 가장 중요한
것은 이 어리석은 풍조가 계속 확대되면, 개화기 이후 간난신
고 끝에 하나의 민족어 혹은 국민언어로 가까스로 성장해온
한국어는 결국 학문의 언어, 문화적 언어라는 자격을 잃게 될
것이라는 사실이다. 그뿐만 아니라 조만간 우리는 영어에 능
숙한 엘리트 계층과 영어가 서툰 서민 계층으로 확연히 갈라
진 '분단사회' 속에서 끊임없이 괴로워하며 살게 될 것이다. (한
겨레, 2016-5-27)

기본소득이라는 출구

기본소득 도입 여부를 둘러싼 스위스의 국민투표 결과가 압도적 부결 쪽으로 나왔다. 이 결과에 대해 한국의 언론매체들도 큰 관심을 가지고 여러가지 논평·해설기사들을 내놓고 있다. 문제의 중요성에 비추어 당연한 현상이지만, 그중 웃기는 것은 일부 수구 (사이비) 언론과 정치인들이 드러내는 반응이다. 그들은 "거봐, 그런 좌파적 발상은 애당초 말이 안되는 거였어"라며 또다시 상투적인 '좌파 타령'을 늘어놓고 있다.

그런데 이 국민투표를 주의 깊게 지켜보고 진지한 기사를 쓴 소수의 몇몇 '진보' 언론들도 웬일인지 허술하기는 마찬가지였다. 예를 들어 이번에 스위스에서 제안된 기본소득 금액 월 2,500프랑(성인의 경우)은 한국 돈으로 환산하면 300만 원이라고 보도되었다. 그러나 이것은 우리 상식으로는 상당한 고액이지만, 스위스의 물가를 고려하면 근근 생계를 유지할 수 있는 정도의 돈이다. 그러므로 언론은 이 금액이 실질적으로는 한국 돈 100만 원에도 훨씬 못 미치는 금액이라는 것을 파악하고, 알려줬어야 했다(몇몇 서양 언론은 자기 나라 돈으로 얼마에 해당된다고 구체적인 금액을 표시하지는 않았지만, 스위스가 세계 최대의 고물가 국가라는 사실은 언급했다).

이게 왜 중요한가 하면 기본소득의 액수는 이 제도를 어떤 목적으로 어떻게 설계할지를 정하는 데 결정적인 요소가 되기 때문이다. 현지의 물가를 감안함이 없이 그냥 월 300만 원이라고 말해버리면, 그것을 듣는 대부분의 한국인들은 부러워하기에 앞서 대체 스위스라는 나라가 얼마나 부유한지 몰라도 저것은 터무니없이 유토피아적인 몽상이라고 생각하기 쉽다. 그러나 그토록 비현실적인 아이디어라면 어째서 간단히 쓰레기통에 버려지지 않고, 멀쩡한 시민들 10만 명 이상이 발의를 하고 근 2년 동안 스위스라는 문명국가에서 거국적인 논쟁의 대상이 되어왔을까? 어떤 합리적인 근거도 없다면 어떻게 그게 가능했을까?

실제로 기본소득 금액의 책정은 굉장히 중요하다. 예를 들어 한국에서 매달 300만 원을 전 시민들에게 자산의 정도, 취업 여부, 노동을 할 의사가 있는지 없는지 묻지 않고 무조건 일률적으로 지급한다면, (오늘날 생계 때문에 열악한 노동조건을 반강제적으로 감수하고 있는) 한국의 대다수 노동자는 하루아침에 다니던 직장을 그만둘 가능성이 높다. 그러면 '기본소득을 시행하면 일은 누가 하나?'라는 질문은 완전히 정당한 것이 될 것이다. 하지만 인간으로서의 삶을 유지하는 데 필요한 최소한의 돈이라면, 극히 예외적인 경우를 제외하고는 일반 노동자들이 '일'을 그만두는 사태가 발생할 가능성은 매우 낮다고 할 수 있다.

이번 스위스 국민투표의 실상은 아직 정확히 모르지만, 보도에 따르면 반대표를 던진 사람들이 우려한 것은 크게 두 가지였다. 첫째 노동인력의 현저한 감소가 초래될 것이고, 결과적으로 스위스의 생산력이 저하될 것이다, 둘째 몇년 이상 스위스에 거주한 사람 전원에게 기본소득 수급 자격이 주어진다면 국외로부터 이주자가 물밀듯이 들어올 것이다.

그러나 기본소득 때문에 사람들이 일을 하지 않을 것이라는 우려는 완전히 비합리적인 편견에 근거한 것이다. 몇몇 사회조사에 의하면, 그런 우려는 대체로 사람들이 서로를 믿지 못하는 문화권 속에서 특히 심하다고 한다. 기본소득을 받더라도 나는 계속 일을 하겠지만, 다른 사람들은 그저 놀고먹을 것 같다는 (지금 거의 모든 자본주의사회의 고질이 된) 지독한 타인 불신 사회 말이다.

외국으로부터 이민자가 쇄도해 들어올지 모른다는 스위스 사람들의 걱정은 현재 무슬림 난민문제로 유럽 전체가 골머리를 앓고 있는 것을 생각하면 자연스럽다고 할 수 있다. 사실 이런 문제 때문에 기본소득을 제창하는 지식인·활동가들은 궁극적으로 전 세계인 모두가 혜택을 받는 '글로벌 기본소득'이라는 아이디어를 개발하고 있는 중이다. 그런 점에서 스위스의 기본소득 운동가들도 기본소득이라는 프로젝트가 점진적으로 신중하게 이뤄져야 할 새로운 사회실험이라는 것을 잘 알고 있다.

그럼에도 그들이 굳이 국민투표를 선택한 것은 거국적인 열띤 토론과 논쟁을 통해서 스위스는 물론 온 세계가 여기에 주목하게 되리라는 것을 예상했기 때문이다. 그러기에 그들은 투표 결과 23퍼센트 정도의 지지를 얻고도 환호하고 있는 것이다. 그동안의 여론조사 추이를 보면 기본소득에 관한 지식이 보다 깊어질수록 사람들이 이것을 더 강력히 지지하는 경향을 보여준다는 보도도 있었다. 이게 사실이라면, 이번에는 실패했지만, 스위스에서 국가적으로 기본소득이 시행되는 것은 결국은 시간문제라고 할 수 있다.

스위스만의 문제가 아니다. 빈부격차, 심각한 경제적 불평등, 갈수록 줄어드는 일자리, 경제성장의 종언을 알리는 온갖 징후들과 걷잡을 수 없이 악화되는 사회적, 환경적, 실존적 상황에서 지금 세계는 길을 잃고 헤매고 있다. 표가 아쉬운 정치가들은 새로운 일자리를 만들겠다는 약속들을 끊임없이 내놓지만, 그게 헛소리라는 것은 누구나 다 알고 있다. 기후변화 시대에 화석연료를 더이상 남용해서도 안되지만, 이제 더는 흥청망청 쓸 석유, 자원들도 남아 있지 않다. 과도한 불평등과 실업문제, 만성적인 구매력 부족 사태가 해소되지 않는 한, 자본주의는 사회적 약자들과 자연에 대하여 점점 더 야만적인 폭력을 휘두르다가 조만간 자멸할 것이 분명하다.

이 문제를 근본적으로 해결하는 데 기본소득은 현재까지 나온 방안 중에서 가장 합리적인 대안이라는 견해에 동의하는 사람들이 이제는 '폭발적으로' 늘어나고 있다. 10년 전쯤 기본소득이라는 개념을 처음 접했을 때, 나는 한국은 물론 세계적으로도 이 아이디어가 이토록 급속히 확산되리라고는 생각하지 못했다. 내가 살아있는 동안 기본소득이 실현되는 날이 올 것이라는 기대도 거의 없었다.

그러나 이제는 생각이 바뀌었다. 일찍이 미국 클린턴 정부의 노동부 장관을 역임한 로버트 라이시, 혹은 그리스 시리자 정부의 전 재무장관 야니스 바루파키스 등은 최근까지도 기본소득과는 무관한 경제학자들이었다. 그런 그들도 지금은 '자본주의의 안정화와 인간화'를 위해서도 기본소득의 신속한 도입이 '불가피하다'고 역설하고 있다.

아무리 봐도 이것 말고는 출구가 없다는 결론에 이르렀기 때문일 것이다.(경향신문, 2016-6-9)

브렉시트, 민주주의의 실패라고?

6월 24일, 영국의 국민투표 결과가 유럽연합 탈퇴(브렉시트) 쪽으로 결론이 나자 온 세계가 화들짝 놀라고, 온갖 미디어가 폭포처럼 분석·논평 기사를 쏟아내기 시작했다. 시간이 지나면서 조금씩 흥분상태가 가라앉는 듯하지만, 여전히 세계의 언론들은 '브렉시트' 사태의 추이와 전망에 큰 관심을 기울이고 있다. 문제의 중요성을 생각하면 극히 당연하다. 브렉시트란 유럽의 중핵 국가가 현대사의 가장 중요한 성과물이라고 할 수 있는 '국제주의적' 연대체로부터의 이탈을 결정한 엄청난 사건이니 말이다.

실제로 브렉시트는 다양한 각도에서 해석이 가능한, 복합적인 의미를 내포하고 있다. 가령 세계 현실을 '아래에서 위로' 보는 데 익숙한 사람의 눈으로 볼 때, 그것은 무엇보다 '세계화'라는 이름으로 지난 수십 년간 세계 전역의 민초들과 자연 세계를 난폭하게 짓밟고 유린해온 신자유주의의 횡포에 대한 사회적 약자들의 분노와 항변의 표출로 읽을 수 있다. 게다가 신자유주의의 발상지인 영국에서 이런 반응이 나왔다는 게 매우 흥미롭다. 그러나 세계의 주류 언론은 이 점에 주목하기보다는 국민투표에서 '탈퇴' 쪽에 몰표를 던진 것으로 알려진 주요 계층, 즉 (자신들의 경제적 곤경이 이민자들 때문이라고 생각하는) 하층민들의 '무지'와 시대착오적인 '국수주의' 정서를 비웃고, 또한 그러한 '어리석은' 대중적 정서를 이용하려는 정치적 야심가들을 규탄·비판하는 데 열중하고 있다.

그리고 그 비판의 연장선에서 상당수 언론인·지식인들은 – 좌우파를 가리지 않고 – '민주주의의 실패'를 거론하고 있다. 영국이라는 국가뿐만 아니라 세계 전체에 영향을 미칠 중차대한 문제를 결정하는 데 국민투표라는 '직접민주주의적' 방식을 채택하는 게 얼마나 위험한가를 이번 사태가 명확히 드러냈다는 것이다. 그런데 이런 주장이 가능하려면 두 가지 전제가 성립돼야 있다. 즉 유럽연합 탈퇴 결정이 과연 '잘못된' 선택인지가 확실할 때, 그리고 현행의 국민투표가 진정으로 민주주의적인 제도라고 인정할 수 있을 때이다. 이 두 가지 전제 조건이 결여된 상태에서 브렉시트를 비난하고, 민주주의가 실패했다고 말하는 것은, 그렇게 비판하는 사람(들) 자신의 선입관과 편견을 드러내는 것에 불과하다고 하지 않을 수 없다.

물론 영국의 이번 국민투표는 결함이 없는 게 아니었다. 투표가 시행되기 전 영국사회는 이 문제에 대한 찬반 의견이 첨예하게 갈라져 들끓었고, 그 과정에서 이성적인 토론보다 격정적인 주장들이 난무했다. 따라서 일반시민들이 현안을 충분히 숙지하고 합리적인 선택을 했다고 말하기는 어렵다. 하지만 온갖 형태의 미디어를 통해 사실상 발언권을 독점했던 것은 하층민이 아니라 지배층 엘리트들이었다. 물론 '탈퇴'를 외치는 보수 혹은 극우파 정치가들의 목소리도 컸지만, 보수·진보를 막론하고 대부분의 엘리트 정치가, 지식인, 언론인들은 유럽연합 탈퇴의 부당성과 무모함을 줄기차게 말했다. 그런 점에서 극우파 정치꾼들의 선동에 '무지한' 대중들이 휘둘렸다고 말하는 것은 사리에 맞지도 않고, 또 대중(하층민)을 깔보는 발언이라고 할 수밖에 없다.

사실 이번 국민투표의 정작 중요한 문제점은 따로 있다. 그것은 투표율 72.2퍼센트에 51.9퍼센트의 지지로 탈퇴가 결정됐다는 사실이다. 단순 다수결 원칙으로는 탈퇴파의 승리임이 분명하지만, 투표권자 전체를 고려하면 탈퇴 쪽 득표는 그 비율이 36퍼센트도 안된다. 그러니까 이것은 영국 국민의 '압도적인' 선택은 아닌 것이다. 그러므로 사활적인 중요성을 가진 국가 중대사를 이런 식으로 결정하는 게 과연 옳으냐는 물음이 있을 수 있고, 그 물음은 완전히 정당하다고 할 수 있다.

그러기에 지금 '예상 밖의' 국민투표 결과에 대해 언론들이 호들갑을 떠는 분위기 속에서 주로 런던 등 대도시 주민들 사이에 국민투표를 다시 하자는 여론이 끓고 있는 것도 충분히 이해할 수 있다.

실제로 지금과 같은 국민투표는 문제가 많은 게 사실이다. 그것은 무엇보다 현안에 대한 충분한 토의와 숙의 과정을 결여하고 진행되기가 쉽고, 그 결과로 국가 구성원들의 '일반의지'가 정당하게 표현될 수 있는 제도로 인정되기는 어려운 면이 있다고 할 수 있다. 그러나 그렇다고 해서 모든 국가의 중대사는 '대표자들'에게 위임해서 그들이 의회나 정부에서 결정하도록 하고, 국민투표와 같은 위험한 '직접민주주의' 제도는 철폐해야 한다고 주장하는 게 과연 사리에 맞는 일일까?

여기서 우리가 진지하게 물어봐야 할 게 있다. 즉 그동안 소위 대의제 민주주의가 제대로 기능을 했더라면, 지금과 같이 세계의 부를 1퍼센트가 독점을 하고 그들의 지배 밑에서 99퍼센트의 인간이 노예로 살아가야 하는 이처럼 암울한 상황이 만들어졌겠는가 하는 것이다. 오늘날 몇몇 예외를 제외하고 세계 전역에서 대의제 정당정치는 작동불능 상태에 빠져 있을 뿐만 아니라 세계가 직면한 온갖 엄중한 위기를 극복하는 데 사실상 최대의 걸림돌이 되어 있다. 이렇게 된 가장 중요한 이유는 대의제 민주주의가 다수 민중의 요구를 대변하기는커녕, 극소수 기득권층의 이해관계를 대변·관철하는 수단으로 기능해왔기 때문이다. 정당정치, 대의제 민주주의라는 것은 말일 뿐이지 실질적으로 오늘날 정치는 금권정치로 변질된 지 오래다. 이 금권정치의 주역이 자본가들과 정치가 계급, 그리고 이들을 뒷받침하는 지식인, 학자, 언론인 등 소위 엘리트들이라는 것은 말할 것도 없다.

100년 전, 스페인 철학자 오르테가는 《대중의 반역》이라는 책에서 문화와 전통을 모르는 어리석은 대중이 민주사회를 파괴하고 있다고 개탄했지만, 미국의 사회사상가 크리스토퍼 래시는 1990년대 중반에 쓴 글 〈엘리트의 반역〉에서 오늘날 '세계화' 시대의 민주주의의 적은 엘리트들이라고 진단했다. 래시에 의하면, 옛날의 귀족들이 (전부는 아니라도) 땅에 뿌리를 내리고 공동체를 걱정하며 귀족으로서의 책임감을 자각하고 있었음에 반해 오늘의 엘리트들이 충성을 바치는 것은 지구적 차원의 (자본이 주도하는) 커뮤니케이션 네트워크이다. 그리하여 그들은 자신을 길러준 향토, 지역, 풀뿌리 이웃들의 세계로부터 유리되어 겉돌고 있다. 지금 민주주의의 적은 민초들이 아니라 엘리트들이라는 것을 우리는 잊지 말아야 한다. (경향신문, 2016-7-7)

백합이 썩을 때

절집에서는 밥을 공양이라고 말한다. 오래전 일이지만, 왜 그렇게 부르는지 꽤 궁금했다. 어떤 사람은 "자연과 뭇 중생들의 노고를 생각하며 보살로서 살겠다는 의지와 깨달음을 얻겠다는 의식"이 공양이라는 말 속에 들어 있는 게 아니겠느냐고 말했다. 즉 '발우공양'을 줄인 말이 공양이라는 것이다. 하지만 밥을 공양이라고 부르는 이유를 내가 확실히 납득한 것은 그게 공희(供犧)와 같은 말이라는 것, 그리고 공희란 산스크리트어 '야즈나(yajna)'의 번역어라는 사실을 알았을 때였다.

'야즈나'는 힌두교 경전 〈바가바드기타〉 전체를 통해서 가장 핵심적인 개념이다. 고대 이래 인도의 성자들은 생명·삶의 원리는 무엇인가의 끊임없는 희생으로 구성돼 있다는 사실을 명확히 알고 있었고, 그것을 '야즈나'라는 말로 설명해왔다. 잘 생각해보면, 우리의 생명·삶은 누군가가 내게 바치는 희생 없이는, 그리고 동시에 내가 누군가에게 바치는 희생 없이는 한순간도 영위될 수 없다는 것이 확실하다.

간단히 밥을 생각해보자. 우리는 밥을 못 먹으면 생명을 부지할 수 없고 삶을 영위할 수 없다. 그런데 밥은 쌀로 짓지만, 쌀은 땅과 하늘, 바람과 구름과 비의 '자기희생', 농부와 그 가족의 헌신적인 땀, 그리고 그들의 이웃과 공동체의 노고와 협력이 없으면 단 한 톨도 만들어지지 않는다. 그러니까 나락 한 알 속에 우주가 들어 있고, 밥 한 그릇을 알면 만사(萬事)를 안다고 하는 것이다.

그런데 재미있는 것은 한국말을 쓰는 우리는 때때로 밥이라는 말을 '희생물'이라는 뜻으로 노골적으로 사용한다는 점이다. "넌 내 밥이야" 혹은 "내가 당신의 밥이란 말이냐"라고 우리는 종종 말할 때가 있는데, 그때 밥이란 제물(희생물) 이외에 아무것도 아닌 것이다. 문제는 "내가 당신의 밥이 되어줄게"라고 말하는 사람이 드물다는 것이지만, 여하튼 한국어 어법 자체에 벌써 '밥＝희생물'이라는 생명사상이 명확히 내포돼 있다는 것은 흥미롭다.

우리는 대개 우리 자신이 남의 '밥＝제물'이 되는 것은 별로 내켜 하지 않지만, 무의식중에나마 '희생'이 얼마나 고귀한 가치인가는 잘 알고 있다. 자식을 위해 희생하는 부모의 이야기는 수많은 민담·전설 속에서 끝없이 되풀이돼온 전형적인 미담일 것이다. 그리고 비근하게는 가령 야구시합에서도 늘 큰 박수를 받는 선수는 '희생번트'로 자기는 죽고 그 대신 앞선 주자를 살리는 선수이다.

그런데 인도의 고대사상에서 '야즈나'를 만물의 존재 원리로 파악한 것은 '희생'이 반드시 생명·삶의 손실을 뜻하는 게 아니라 궁극적으로는 희생하는 존재 자신에게 이득이 되어 돌아온다는 깨달음 때문이었다. 그러니까 내가 누군가의 밥이 된다는 것은 돌고 돌아서 결국 누군가가 내 밥이 된다는 것을 뜻한다. 이 세상 만물이 이런 생명·삶의 사슬로 엮어져 있음을 이천식천(以天食天)이라는 매우 시적인 언어로 갈파한 분이 바로 동학의 두 번째 지도자 해월 선생이었다. 동학의 세계관에 따르면, 이 세상 만물은 전부 '한울님'이다. 그러므로 모든 '한울님'은 다른 '한울님'들을 먹여 살리는 밥이자, 동시에 다른 '한울님'을 밥으로 삼아 살아간다. 그래서 이천식천인 것이다.

해월 선생의 이 간명한 은유는 뛰어나게 심오한 생명사상의 표현이다. 피상적인 눈으로 본다면, 이 세상 속 생명붙이들의 관계는 서로서로를 잡아먹는 극히 살벌한 관계라고 할 수 있다. 하지만 해월 선생은 그것을 오히려 생명체 상호 간의 상호부양과 공여(供與)의 관계로 파악한 것이다(사회주의 혁명가 로자 룩셈부르크는 평소에 새들에 관심이 많았다. 그래서인지 그가 감옥에서 쓴 어떤 편지 속에는 철새들의 이동에 관한 몹시 흥미로운 이야기가 나온다. 북유럽에서 추운 계절이 다가오면 철새들은 아프리카의 나일강 쪽으로 대거 이동을 하는데, 그 먼 하늘을 날아가는 것은 독수리 등 맹금류들에게도 심히 힘든 여정이다. 그래서 새들은 목적지에 도착하면 완전히 탈진하여 모래밭에 며칠이나 쓰러져 누워 있어야 한다는 것이다. 이토록 맹금류들에게도 험한 고행길인데 노래하는 작은 새들은 어떻게 그 먼 길을 가는가? 과학자들의 발견에 따르면, 철새가 이동하는 계절에는 하늘에서 잠시 '휴전'이 성립한다. 즉 작은 새들은 큰 맹금류의 등에 업힌 채 머나먼 길을 간다는 것이다. 오래전, 로자의 서간집을 읽다가 이 대목에서 내가 얼마나 놀랐던지, 지금도 기억이 생생하다).

하기는 이 모든 것은 불가(佛家)에서는 원래 극히 낯익은 상식이었다. "천지는 한 뿌리요, 만물은 한 몸(天地同根萬物一體)"이라든지 "세상은 순환하며 뭇 중생을 살린다(空界循環濟有情)" 등의 표현은 모두 그러한 근원적인 생명사상·세계관에서 나온 것이다. 그 사상적 뿌리에서 밥을 공양이라고 부르는 언어습관이 생겨났을 테지만, 어쨌든 공양이라는 말로써 한국불교는 우리가 매일 습관적으로 먹는 밥이지만 그때마다 이것이 얼마나 거룩한 희생의 산물인지를 우리가 기억할 수 있도록 한 것이다.

이런 전통을 세우고 계승해온 것만으로도 나는 한국불교의 공로가 크다고 생각한다. 불교는 적어도 나와 같은 사람에게는 일개 종교가 아니다. 그것은 생명·삶의 근본이치를 가르치고, 그 근본이치에 따라 사람이 겸허한 마음으로 단순·소박하게 사는 게 얼마나 중요한지를 가르치는 실천적 지식·사상의 원천이라고 할 수 있다.

그런데 언젠가부터 절집이 이상하게 변해버렸다. 나는 산중 사찰들에 즐비한 자동차들을 볼 때마다 마음이 무척 편치 않다. 게다가 한국불교의 기둥이랄 수 있는 조계종에서는 선거 때마다 금품이 난무한다는 소문이고, 동국대에서는 비리 혐의를 받는 총장(스님)이 외려 문제를 제기한 학생들과 교수를 탄압하는 기이한 사태가 벌어졌다. 며칠 전에는 미국인 출가자 현각 스님이 한국과 인연을 끊기로 했다는 소문이 돌았다. 정확한 이유는 모르지만 '돈을 너무 밝히고 권력자에게 굴종적인' 한국 사람들에게 질린 모양이다. 범부들이라 할지라도 재물에 집착하는 것은 정신적 빈곤을 드러내는 증상이다. 하물며 출가 수행자들이 돈과 권력의 굴레에 얽매여 있다는 것은 너무나 서글픈, 이해할 수 없는 현실이다. "백합이 썩을 때 그

냄새는 잡초보다 훨씬 더 고약하다."(셰익스피어)(경향신문, 2016-8-4)

'카오스의 여왕' 힐러리

미국 대통령 선거를 몇달 앞두고 양당의 후보가 마침내 확정되었다. 공화당 후보는 도널드 트럼프라는 게 여러 달 전부터 굳어진 대세였기 때문에 문제는 민주당 후보가 어떻게 결정되느냐 하는 것이었다. 힐러리 클린턴이 민주당 후보가 될 게 충분히 예상되는 상황이긴 했으나 이번 선거기간에 돌풍을 일으킨 버니 샌더스가 마지막 순간에 어떤 선택을 할지는 끝까지 사람들의 큰 관심사였다(녹색당의 질 스타인 대통령 후보는 자신이 양보할 테니 샌더스가 녹색당 후보로 나서줄 것을 간곡히 권유하고 있었다). 그러나 싱거울 정도로 샌더스는 자신이 그토록 '자격이 없다'고 비판해왔던 힐러리에 대한 전폭적인 지지를 선언하고 물러나버렸다. 이에 샌더스의 열렬한 지지자들과 '새로운 미국'을 기대해왔던 수많은 미국인들(그리고 세계인들)은 좌절하고 말았다.

하기는 힐러리에 대한 샌더스의 전폭적인 지지 선언은 힐러리 쪽이 샌더스의 주요 공약을 일부나마 수용하기로 약속했기 때문에 가능했음이 분명하다. 그러나 그러한 공약 중 대표적인 것, 즉 월스트리트 거대 금융사들에 대한 규제 문제를 예로 든다면, 막상 힐러리는 전당대회에서 거대 은행들의 탐욕과 부도덕한 관행을 고칠 필요가 있다는 원칙적인 발언 이외에 그것을 실행하기 위한 구체적인 프로그램은 하나도 내놓지 않았다. 이것은 무엇을 뜻하는가? 실제로 힐러리가 대통령이 되면 샌더스와 합의한 공약들이 휴지 조각이 될 가능성이 높다는 것을 암시하는 게 아닌가?(힐러리가 월스트리트나 대자본가 위주의 경제구조를 뜯어고친다는 것은 어불성설이다. 클린턴 부부는 지난 15년간 1회 평균 2억 원이 넘는 '강연료라는 형태의 뇌물'을 수없이 받았고, 미국의 거대 기업과 자본가들은 '클린턴재단'에 끊임없이 거액의 후원금을 제공해왔다.)

그동안 힐러리는 늘 "나는 여잡니다, 나에게 표를 주세요"라는 구호를 내세우며 자신이 '유리 천장'을 깨는 선구적 투사임을 자처해왔다. 물론 여성이 대통령이 되는 것도 중요한 일이기는 하다. 하지만 여성 대통령의 등장 그 자체보다 더 중요한 것은 여성 대통령이 등장함으로써 얼마나 인간적인 국가, 정의롭고 평화로운 세상이 될 길이 열리느냐 하는 것이다. 이런 점에서 우리가 주목해야 할 것은, 이번 민주당 전당대회에서 힐러리가 들고나온 "우리가 함께하면 미국이 더 강해집니다(stronger together)"라는 핵심적 슬로건이다. 하필이면 왜 '더 강한 미국'일까? 그냥 순하게 '좋은 나라, 평화로운 세계'라고 하면 미국 사람들도, 미국 바깥의 사람들도 듣기 좋고 마음이 편안해질 텐데, 어째서 굳이 '더 강한' 미국을 고집하는 것일까?

그것은 선거를 겨냥한 전략적 계산의 결과라기보다는 필시 힐러리나 그를 에워싼 사람들의 오랜 사고습관을 반영하는 슬로건일 것이다. 제2차 세계대전 이후 패권국가가 되어 사실상 세계의 유일 지배자로 군림해온 미국에서 자라나 교육을 받고 엘리트 코스를 밟으며 출세하고 성공을 거둔 사람들에게는 한 가지 뚜렷한 공통점이 있다. 그것은 '미국 제일주의'(혹은 '미국 예외주의')에 대한 거의 맹목적인 신앙이다. 그들은 국제관계에서 중요한 것은 각 나라의 사정과 전통과 문화를 존중하는 것이라는 기본원칙을 완전히 망각하고, 오로지 '미국적 가치'와 미국의 이해관계가 중요하고, 따라서 세계인들이 그것을 당연히 받아들여야 한다는 생각에 깊이 젖어왔다. 힐러리 클린턴도 예외가 아니다. 아니, 힐러리야말로 오늘날 현역 미국 정치가 중 가장 대표적인 '미국 제일주의' 신봉자라고 할 수 있다. 이 사실을 뒷받침하는 증거들은, 가령 《카오스의 여왕─힐러리 클린턴은 무슨 잘못을 저질러왔는가》(2015)라는 책 속에 일목요연하게 정리돼 있다.

현재 프랑스에 장기 체류 중인 미국인 정치평론가이자 저널리스트인 다이애나 존스턴이 쓴 이 책은 단지 힐러리라는 개인 정치가의 이력만이 아니라 그 배후에 있는 미국의 기성 권력체제, 특히 군산복합체가 여하히 미국과 세계를 상시적인 전쟁체제로 만들어왔고, 그로 인해 세계가 얼마나 위험에 처해졌는지를 명료한 언어로 요약하고 있다. 이 책의 저자는 자신의 집필 동기가 간단하지만 몹시 절박한 것이었다고 강조한다. 즉, 힐러리가 미국 대통령이 된다면 제3차 세계대전, 즉 '핵전쟁'이 발발할 가능성이 매우 높아진다는 것을 경고하기 위해서라는 것이다. 두껍지 않은 이 책을 찬찬히 읽다 보면, 저자의 말이 결코 허튼소리가 아니라는 것을, 전율을 느끼며, 확인할 수 있다.

주류 언론들은 흔히 힐러리가 대중들에게는 별로 인기가 없지만, 대통령감으로는 무난하다는 인상을 퍼뜨려왔고, 그 결과 우리들 다수 한국인들도 힐러리가 미국 대통령이 되면 지금보다 상황이 별로 나아지지는 않을지라도 크게 더 나빠지지는 않을 것이라고 생각하는 경향이 있다(물론 기후변화를 비롯하여 총체적인 위기에 빠진 오늘날의 세계 상황을 생각하면, '패권국가' 미국의 정치가 달라지지 않고 지금과 같은 방식으로 계속된다는 것 자체가 엄청난 재앙이라는 것도 분명하다). 그러나 힐러리의 과거 행적을 보면, 특히 '동아시아의 평화'라는 문제와 관련해서 우리가 매우 위험한 시대를 맞을 가능성이 크다는 기분을 억누를 수가 없다.

그런 기분이 드는 것은 무엇보다 힐러리가 대외관계에서 미국의 '힘'을 지나치게 과신하고, 이성적인 대화와 설득이라는 수단보다는 '힘'에 의한 공격과 지배를 일관되게 선호해온 행적이 역력하기 때문이다. 예를 들어, 2011년 리비아에 대한 공격만 하더라도 그렇다. 애당초 리비아에 대한 서구의 공격은 정당한 명분이 없었다. '독재'에 대항하여 봉기한 민중반란을 '무자비하게' 진압하는 카다피를 제거함으로써 리비아 민중을 구하고 리비아를 민주화한다는 명분을 내걸고 나토(NATO, 북대서양조약기구)와 미군이 막강한 군사력으로 개입하여 결국 카다피를 죽였지만, 그 결과는 지금까지도 출구가 보이지 않는 리비아와 그 이웃나라들의 '혼돈상태'이다.

원래 카다피는 단순한 독재자가 아니었다. 그는 석유로 얻은 이익으로 리비아를 아프리카 최고의 복지국가로 만들었고, 아프리카 정치지도자들의 지지를 바탕으로 아프리카 통합을 시도하고, 달러와 프랑화의 지배로부터 벗어난 아프리카의 독자적인 공통 통화를 구상하고 있었다. 게다가 서구의 군사적 개입이 임박한 상황에서 카다피는 외교 경로를 통해 자신의 자발적인 사임을 시사하고 있었다. 하지만 서구와 미국은 이 모든 것을 무시하고 공격에 나섰고, 그때 미국의 군사적 개입을 가장 강경하게 주장한 사람이 바로 국무장관 힐러리였다. 다이애나 존스턴은 그런 결정을 내릴 때에도 오바마에게는 '머뭇거림'이 있었지만, 힐러리에게는 그런 머뭇거림이 전혀 없다는 사실을 지적한다.

2003년 부시 정부가 거짓 명분을 내걸고 이라크 침략전쟁을 개시했을 때도 힐러리는 누구보다 적극적으로 그 공격을 지지했다. 그 뒤 이라크와 중동은 완전히 절망적인 지옥이 되어버렸지만, 힐러리는 지금까지 어떤 사과나 반성의 발언도 한 바 없다. 이뿐만 아니다. 온두라스에서도, 보스니아에서도, 우크라이나에서도 끊임없이 허위정보를 퍼뜨리면서 미국은 군사적 개입을 해왔고, 그때마다 힐러리가 중심에 있거나 연루돼 있었다. 이제 패권국가 미국은 동아시아의 '동맹국' 한국 땅에 '사드'(THAAD, 고고도미사일방어체계)를 배치함으로써 러시아와 중국에 대한 '봉쇄'를 한층 더 강화하려 하고 있다. 이 상황에서 '카오스의 여왕' 힐러리 클린턴이 유력한 차기 미국 대통령 후보로 확정되었다. 먹구름이 몰려오는 것인가? (한겨레, 2016-8-5)

II. 불의한 나라의 전문가들

몬스 사케르

언제라고 딱 점칠 수는 없지만, 이대로 가면 머잖아 이 나라가 망할 것 같다. 설령 완전히 망하지는 않더라도 지금보다 훨씬 더 절망적인 상황이 닥치는 게 아닐까, 그런 불길한 예감이 날이 갈수록 짙어진다. 지금 이 나라 지배층과 그들을 에워싼 이른바 '엘리트'들의 정신 상태는 120년 전 조선왕조 말기의 지배층의 그것과 조금도 달라 보이지 않는다. 나라를 살리겠다고 일어선 백성들이 무슨 말을 하는지, 그 진정한 요구가 무엇인지 귀 기울여 들을 생각은 하지 않고, 오히려 외국 군대를 불러들여 제 나라 백성들을 무참하게 학살하는 방식을 선택했던 그 조선의 지배층 말이다.

지금은 120년 전과는 다른 세상이라고 말할 사람들이 있을지 모르겠다. 든든한 '동맹국' 미국이 있으니까 괜찮다고, 그리하여 그저 미국에 순종만 하면 된다고 생각하는 사람들이 있을지 모른다. 아니, 이 나라 주류 기득권층은 대부분 그렇게 생각하고 있는 게 틀림없다. 엊그제 청와대와의 갈등 때문에 사표를 낸 모 신문사의 주필이라는 사람이 그동안 어떤 글을 썼는지 궁금해서 찾아봤더니 가장 최근에 쓴 칼럼의 제목이 "미국이 화내는 건 무섭지 않나"였다. 즉 '사드' 배치를 둘러싼 논쟁에서 중국과의 관계를 우려하는 '어리석음'을 비판하는 글이었다(그러니까 미국을 섬기고 사는 게 제일 중요하다고 생각하는 동류들이 지금 우리가 잘 모르는 이유로 자기들끼리 싸우고 있는 것이다).

그러나 우리가 진짜 걱정해야 할 사태는 무슨 전쟁이 아니라 내부적인 붕괴와 몰락이다. 국가나 사회를 지탱하는 가장 근본적인 토대는 경제력과 군사력이 아니라 도덕적·윤리적 기반과 최소한도의 합리적 정신이라고 할 수 있다. 그런데 우리는 지금 이 기반이 무너지는 것을 날마다 보고 있다. 예를 들어 세월호 사태의 진상 규명을 조직적으로 방해하는 이 정부의 파렴치한 행동, 맹독성 녹조가 창궐하고 있는 4대강 물의 수질이 문제없다고 천연스레 거짓말을 하는 환경부의 뻔뻔스러움 등등, 나열하자면 한도 끝도 없다. 정부 사람들뿐만 아니다. 입만 열면 '애국'을 말하고, 미국의 '은혜'를 이야기하는 대한민국 기득권층 사람들의 실제 행동을 보라. 그들의 한결같은 공통점은, 자신들의 사적 이익을 공익 내지 국익으로 끊임없이 위장, 은폐하면서 상습적인 거짓말을 한다는 점이다.

국가기관 고위직에 내정되어 인사청문회에 오른 인물들은, 거의 예외 없이, 합법적이든 불법적이든 심히 부도덕한 방법으로 돈을 벌고 출세를 해온 자들로 드러나는 것을 우리는 지겹게 보아왔다. 하지만 가장 경악할 것은 부끄러움을 느끼는 자들이 거의 없다는 사실이다. 썩을 대로 썩은 상류층 사회에서 길들여지다 보면 진실과 허위, 선악, 미추를 분간하는 감각 자체가 마멸돼버리는지 모른다. 자신의 손으로 정직하게 먹고 사는 가난한 백성들이 '개·돼지'로 보이는 것도 그 때문일 것이다.

이 상황을 어떻게 깰 수 있을까? 역사가 우리에게 가르쳐주는 것은, 극히 예외적인 경우를 제외하고, 지배층의 자발적인 선의나 양보에 의해서 민주적인 사회, 보다 평등하고 인간적인 사회가 열리는 일은 없다는 점이다.

이와 관련해서, 역사적으로 매우 오래된 흥미로운 선례가 있다. 그것은 옛날 로마공화국 초기에 발생한 '총파업' 사태이다. 원래 고대 로마는 왕정에서 공화정으로 바뀌면서 '원로원과 로마 인민'의 나라로 정의했다. 원로원은 로마라는 도시국가를 건설한 귀족들의 후예로 구성되었지만, 여기서 '인민'이라는 것은 로마 전체 주민이 아니라 건국 이후 여러 형태로 공적을 쌓거나 큰 재산을 축적한 부르주아 계층을 뜻했다. 대다수 민중, 즉 농민, 장인, 소상인, 사무원, 해방노예 등은 '인민'에서 제외됐고, 따라서 참정권도 없었다.

이 무렵의 로마 평민들은 계속되는 전쟁에 끌려 나가는 고통은 말할 것도 없고, 전쟁이 끝난 상태에서도 삶은 절망적이었다. 그들은 항용 빚으로 살았고, 빚을 갚지 못하면 자동적으로 채무노예가 되어 가혹한 처우를 당하거나 노예시장에서 팔려도, 죽임을 당해도 불평을 할 수 없었다.

이 상태를 개선하고자 그들은 떼를 지어 광장에 나가 부채의 탕감, 토지의 재분배, 참정권을 요구하며 소동을 벌였다. 그러나 로마 지배층은 들은 척도 하지 않았고, 이에 기원전 494년 어느 날 평민들은 일제히 자신들이 하던 일을 중지하고 로마로부터 5킬로미터 떨어져 있는 산(몬스 사케르, '거룩한 산'

이라는 뜻)으로 올라가 자기들의 요구가 받아들여질 때까지 내려가지 않겠다고 선언했다.

이에 다급해진 원로원이 여러 차례 사자(使者)를 보내 로마가 외적의 침입 때문에 위험한 상태라고 설명하고, 제발 내려오라고 요청했다. 어떤 귀족은 평민들을 설득할 목적으로 우화(寓話)를 지었다. 즉 한 사람이 있는데, 그의 손발이 위장에 원한을 품고 먹을거리를 입으로 운반하는 것을 거부했다, 그때문에 영양실조로 위장이 죽어버렸지만 결국 손발도 힘을 잃고 죽어버렸다, 라는 이야기였다.

하지만 평민들은 완강히 하산을 거부했다. 그래서 결국 원로원이 양보할 수밖에 없었다. 채무노예의 해방, 부채 탕감 이외에 평민의 이익을 대변하는 두 명의 호민관을 두는 제도를 신설할 것을 결정하였다. 로마의 유명한 호민관 제도는 이렇게 해서 탄생했다.

로마의 평민들이 '몬스 사케르'로 올라가는 일은 그 뒤에도 여러 번 있었지만, 어쨌든 이 비폭력적인 투쟁을 통해서 평민들은 그때마다 민주적 권리를 쟁취해냈고, 이로 말미암아 결과적으로 로마는 보다 안정되고 질서있는 사회로 존속하는 게 가능했다.

주목할 것은 로마의 평민들이 죽창이나 쇠스랑을 들고 귀족들에게 대항한 것이 아니라 철저히 비폭력적인 비협력·불복종을 통해서 승리를 거두었다는 사실이다. 따져보면 민중이 민주적 권리를 쟁취하는 데에 이것보다 더 강력한 무기는 없다고 할 수 있다.

그러나 우리는 지금 온갖 합법적·불법적 장치와 탄압 밑에서 노동자와 시민들의 단결된 행동이 조직적으로 차단된 사회에 살고 있다. 이 상황이 계속되면 민중은 물론 궁극적으로 지배층도 공멸할 수밖에 없다. 그러므로 어떤 식으로든 우리가 현대식 '몬스 사케르' 투쟁 방법을 찾아내는 일이야말로 가장 시급하다고 할 수 있다. 그것은 단순히 계급투쟁이 아니라 우리 모두를 살리는 길이다.(경향신문, 2016-9-1)

자유시민―농민 백남기

기어이 저세상으로 그이는 갔다. 뇌가 심하게 손상되어 317일이나 의식불명 상태로 누워 있다가 국가로부터 아무런 사과를 받아내지 못한 채 영영 불귀의 객이 되었다.

사과는커녕 소위 공권력은 이제 와서 부검을 하겠단다. 천하가 다 아는데도 오직 대한민국 경찰만은 그가 왜 죽었는지 모르는 모양이다. 겹겹이 차벽을 쌓아 놓고 거기로 접근한다고 무지막지하게 물대포를 쏘아댄 당사자 자신이 말이다.

어쩌다가 대한민국이 이렇게 형편없는 저질 국가로 전락해 버렸을까? 이런 나라에 정말 희망이라는 게 있을까? 문득 120년 전 나라를 구하려고 궐기했다가 반동적인 지배층과 외국 군대에 의해서 무참한 학살을 당했던 동학농민군을 생각해본다. 그들이 처참하게 죽어가면서 염원했던 '좋은 세상'이 지금과 같은 대한민국이었을까?

그리고 망국의 한(恨)을 품고 낯선 땅, 낯선 거리에서 풍찬노숙의 쓰라린 세월을 감내하며 항일운동에 일생을 바쳤던 독립투사들이 생각했던 새 나라는 어떤 것이었는가? 우리가 다아는 대로 그분들이 임시정부를 세우고 집단지혜를 모아서 설계한 것이 '대한민국'이었고, 그 정체(政體)는 '민주공화국'이었다. 그러니까 독립투사들의 주권회복 운동은 왕조를 부활하자는 게 아니라, 민중이 나라의 주인으로, 자유인으로 사는 나라를 세우자는 것이었다.

그러나 새삼 말할 필요도 없지만, 일제로부터 해방되는 것과 동시에 한반도는 남북으로 갈라지는 운명을 강요당했고, 곧이어 동족끼리의 참혹한 전쟁, 그리고 오래 지속된 독재체제와 분별없는 산업화, 난폭한 '개발' 때문에 이 나라 백성들의 삶은 한순간도 편할 날 없이 끊임없이 멍들고 파괴되어왔다. 그럼에도 동학농민군과 항일독립투사들의 정신은 이 나라 백성의 혈맥 속에 잠복된 형태로나마 어떻든 죽지 않고 살아있었음에 틀림없다.

그 결과, 우리는 우여곡절 끝에 불충분한 대로 '민주화'를 성취하기에 이르렀고, 그리하여 이제는 고개를 들고 떳떳한 자유인으로, 인간답게, 위엄있게 살 수 있게 됐다는 자부심까지 생겼다. 그리고 그런 분위기에서 남북 간의 대화·화해·협력의 길도 어느 정도 열렸고, 숨통이 트이는 듯했다. 그런데 어이없게도 천신만고 끝에 이룩한 이 모든 가능성이 언젠가부터 무너지기 시작하더니 어느새 다시 캄캄해져버렸다.

경악할 것은, 반동적인 군사쿠데타 따위가 아니라 민주화의 산물인 직선제 '선거'의 결과로 이 모든 역사적 퇴행이 진행돼 왔다는 사실이다. 요컨대 오늘날 대한민국에서 역사의 시곗바늘이 거꾸로 돌아가는 것은 소수 지배층의 시대착오적인 무지와 탐욕 때문만이 아니라 상당수 민중이 그들을 무조건 지지하기 때문이라고 할 수 있다. 우리는 흔히 오늘의 한국 정치가 다수 민중의 뜻에 반응을 보이지 않는다고 분노하고 개탄하지만, 정치를 좌우하는 지배층 자신은 그런 비판에 괘념할 이유가 없다고 생각하고 있음이 분명하다. 왜냐하면 그들에게는 늘 고정 지지층이 존재하고, 전파력이 큰 대중매체가 항상 자기들 편에 서 있을 뿐만 아니라, 무엇보다 그들에게는 돈과 권력이 있기 때문이다.

서글픈 현상이지만, 가난하고 힘없는 사람들이 강자들을 옹호하고 지지하는 것은 드문 일이 아니다. 강자숭배주의라고 부를 수 있는 이 현상의 궁극적인 원인은 인간존재의 나약함에 있다고 할 수 있다. 힘없는 자들이 어지러운 세상을 살다가 보면 결국은 강자 편에 서는 게 안전을 도모할 수 있다는 자기보호 본능이 작용하기 때문이다.

예를 들어, 사드 배치 반대 집회가 열리고 있는 성주의 참외 생산 농민에게 서울에 살고 있는 어느 노인이 전화를 걸어왔다. 노인은 참외 박스에 적힌 전화번호를 보고 연락한다면서 "사드 배치를 반대하면 서울 지역 노인단체들과 참외 불매운동을 벌이겠다. 수도권에는 천만 인구가 산다. 성주 인구는 몇만 명도 안된다. 대를 위해 소를 희생하는 게 당연하다"고 말했다(《시사IN》, 463호(2016년 7월 30일 발행)). 그러니까 서울의 노인도 사드를 배치하면 누군가가 '희생'된다는 것을 알고 있다. 그런데도 그는 다수를 위해 소수가 희생돼야 한다는 파쇼적 논리를 아무렇지도 않게 말하고 있다. 그는 성주의 농민들이 단순히 참외를 재배하여 생계를 도모하는 사람들이 아니라 민주주의를 신봉하는 시민들이라는 점은 완전히 무시하고 있다.

지금 성주 사람들이 분개하는 것은 국가의 중대사를 국민과도 국회와도 상의 없이, 그리고 현지 주민들에게 한마디도 물어보지 않고 최고 권력자 맘대로 결정하는 위헌적·독재적인 처사 때문이다. 그러니까 성주의 농민들은 자신들이 '자유시민'임을 천명하고, 정부에 헌법을 지키라고 '명령'하고 있는 것이다. 그 점에서 그들은 '불매운동' 운운하는 저 서울의 노인(그리고 그와 유사한 사람들)과는 전혀 다른 차원의 세상에서 사는 사람들이라고 할 수 있다. 참된 자유시민은 사회적 약자와 소수자에게 '희생'을 요구하지 않는다. 어쩔 수 없는 경우에 누군가의 희생이 불가피하다면 그들은 피해자의 아픔을 나누려 하고, 혹은 최소한 미안해하지 '대를 위해 소를 희생하라'고 윽박지르지 않는다. 그것은 국가주의와 파시즘을 뒷받침하는 논리, 즉 노예들의 논리이다.

나는 백남기 그이를 개인적으로 만나본 적은 없다. 그러나 그의 오랜 지인과 동지들의 증언을 들어보면, 그는 이 나라의 그 어떤 '애국자'나 지사보다도 지독히 향토를 사랑하고 나라를 걱정하며 평생을 보낸 분이었다. 반독재 투쟁에 용기있게 참여하여 감옥살이까지 한 청년기의 경력도 그렇지만, 무엇보다 서울에서 어엿한 대학을 나왔으면서 몰락일로에 있는 농촌으로 들어가 한평생 동지들과 함께 '좋은 농사'를 통해서 '좋은 나라'를 만들고자 불철주야 헌신했던 삶이 그것을 말해준다. 그는 농사야말로 천하지대본이라는 진리에 충실했던 농민이자 모든 사람이 평등하고 자유롭게 사는 세상을 위해 싸운 진정한 '자유시민'이었다. 그리하여 그는 농사를 우습게 여기는 자들의 무지몽매함을 깨우쳐주기 위해 때때로 거리에 나섰지만, 국가는 가르쳐줘서 고맙다고 하기는커녕 끝내 무자비한 폭력으로 그를 쓰러뜨렸다. 누군가의 말처럼 티끌만큼의 "이성도, 상식도, 양심도 없는" 나라라고 하지 않을 수 없다. (경향신문, 2016-9-29)

불의한 나라의 전문가들

시인 고은 선생이 최근 《초혼》이라는 시집을 내고, 여러 언론과 인터뷰를 가진 모양이다. 그중 한 인터뷰 기사는 시인이

"죽은 이들의 넋뿐만 아니라 삶에 지친 살아있는 자들도 어루만졌다"면서 최근 젊은이들이 한국을 떠나고 싶어 하는 조류에 대한 그의 견해를 전하고 있다(〈경향신문〉, 2016년 10월 4일자). "(나라를 떠나는 것은) 이 시대만의 특별한 현상이라고 볼 순 없다.… 어떤 경로로 해서든 가혹한 현실을 못 견뎌 살길을 찾아 떠나온 게 인류의 역사다. 그것은 그것대로 좋은 일"이며, "조선 말기 강 건너는 사람을 처형했을 때도 두만강을 기어코 건너 삶의 터전을 만들다 보니 오늘날 동북 삼성 조선족 사회를 이뤘다. 인류가 아프리카에서 아시아를 건너 뗏목을 타고 호주까지 갔을 때 짐승과 같은 몹쓸 환경에서 더 좋은 데를 찾아간 것이다. 여기까지 온 게 다 그런 것이다."

하기는 인간의 살아온 발자취를 되돌아보면, 역사라는 것은 끊임없는 이동과 교류의 과정임이 틀림없다. 그러니까 우리는 정든 고향을 떠나 낯선 땅으로 간다는 것을 두려워할 것도 이상하게 생각할 것도 없다. 그런 낯선 곳으로 이주하는 것은 궁극적으로 우리들의 삶의 영역을 확장한다는 것을 뜻하니까 말이다.

그러나 이러한 '통 큰 생각'이 지금 우리 젊은이들에게 얼마나 위로가 될까? 백년, 천년의 세월을 가로질러 인간의 삶을 장대한 캔버스 속에서 보는 시인과는 달리 보통사람들은 자신의 현재 삶이 오랜 세월 뒤에 어떤 역사적 의미를 가질지에 관심이 있는 게 아니다. 그런 것은 생존의 현장에서 어떻게 하면 조금이라도 인간다운 삶을 누릴지 하루하루 고통과 번뇌 속에서 살아가는 사람들에게 흥밋거리가 될 리 없다. 그리고 말이 좋아 이민이지, 사람이 자기 고향과 가족과 벗들을 떠나 인간으로서 감당하기 어려운 뿌리뽑힘을 각오하고 일종의 자기추방이라 할 수 있는 이민을 결행한다는 것은 결코 쉬운 일이 아니다. 그리고 오늘날 한국의 젊은이들이 나라를 떠나고 싶다고 하는 것은, 오랫동안 남한의 중·상류 계층 사이에 열병처럼 유행하던 미국행과도 근본적으로 차원이 다른 이야기이다.

내가 보기에, 지금 이대로 가면 우리 젊은이들의 상당수—아니 어쩌면 대부분일지도 모른다—는 늙어서 죽을 때까지 안정된 일자리와 가족생활을 한 번도 누려보지 못한 채 생애를 마칠 확률이 매우 높다. 그런데도 지금 이 나라의 (소위 야당 정치인들까지 포함한) 지배층은 특권계급으로서 자신들이 누리고 있는 권력의 유지와 확대 이외에는 별 관심이 없는 것으로 보인다. 젊은이들이 '헬조선'이라는 신조어를 만들어 자조하고, 이민을 가야겠다고 하는 것은 그들이 느끼는 좌절감과 분노가 얼마나 큰 것인가를 말해주는 것이지 실제로 떠나겠다는 게 아닐 것이다.

그럼에도 나 역시 가까운 젊은이들에게 이민을 권하는 경우가 자주 있고, 심지어 (이 나이에도 가능하다면) 나 자신도 이민을 가고 싶은 유혹을 느낀다. 정말이지 미세먼지 때문에라도 여기를 떠나고 싶다. 왜 이렇게 미세먼지는 갈수록 심해지는가? 미세먼지가 세상을 온통 뒤덮고 있는 날은 생의 의욕이 다 사라지는 기분이다. 더욱이 미세먼지로부터 해방될 전망이 보이지 않는다는 게 더 고통스럽다. 내가 살아있는 동안, 아니 우리 자식들이 살다 죽는 날까지도 이 미세먼지 지옥은 지속되는 게 아닐까? 이런 생각을 하다 보면, 푸른 하늘이 열려 있는 곳이라면 어디로든지 도망가고 싶은 기분이 된다.

그러나 내가 가장 다급하게 생각하는 것은 원자력발전소 문제이다. 보도에 따르면, 한국 정부와 원전당국은 진즉부터 활성단층대임을 인지했음에도 그 위에 원전들을 조밀하게 세웠고, 또 그 인근에 핵폐기물 처리장까지 만들었다. 더구나 이제 한반도도 지진 염려가 없는 안전지대가 아니라는 게 밝혀졌고, 지금부터 지진활동이 왕성해질 시기로 접어들었다는 신호도 뚜렷해졌다. 그런데도 원전당국은 이 심각한 잠재적 위험에 대하여 강 건너 불 보듯 할 뿐만 아니라, 오히려 그 위험지대에 추가적인 원전 건설을 고집하고 있다.

최근 한국을 다녀간 한 일본인 지진 전문가는 지난 9월의 경주 지진보다 훨씬 더 큰 규모의 지진이 경주 인근에서 3~4개월 후 발생할지 모른다는 충격적인 예측을 했다. 이 불길한 예측이 현실이 된다면 어떻게 될까? 그것은 규모 6.5의 지진까지 견딜 수 있도록 설계돼 있다는 한국의 원전들이 조만간 붕괴할 수도 있다는 이야기가 아닌가?

나는 우리나라에서 체르노빌이나 후쿠시마와 같은 원전 사고가 일어나면 구체적으로 어떤 상황이 전개될지—그것에 대해서는 솔직히 아무 생각도 하고 싶지 않다. 그런 사고로 인한 절망적 파국을 (상상 속에서라도) 견뎌낼 자신도 용기도 내게는 없기 때문이다. 〈바가바드기타〉의 표현을 빌리면, 그때는 "세계는 죽었다"라는 말 이외에는 어떤 말도, 행동도 허용하지 않는 묵시록적 상황이 전개될 것이다.

생각해보자. 선량한 시민들이 이런 걱정으로 밤잠을 설쳐야한다는 게 말이 되는가? 최소한의 이성과 상식이 살아있는 사회라면, 원전문제는 후쿠시마 사고가 났을 때 독일에서처럼 정리되었어야 마땅했다. 즉, 합리적인 공론을 받아들여 국가가원전의 단계적 폐쇄를 결정하고, 대안을 강구했어야 했다. 한꺼번에 안되더라도 적어도 방향은 그렇게 잡는 게 당연했다. 하지만 한국정부는 오히려 시대의 흐름을 역류하여 '원자력강국'이라는 자멸의 길로 뛰어들면서, 비판적인 목소리는 들은 척도 하지 않았다. 그 습성은 지금도 강고하게 계속되고 있다. 이 완고한, 시대착오적인 행태는 비단 원자력 문제에 국한된 게 아니다. 그것은 언젠가부터 이 나라의 통치시스템 전체를 관류하는 기본원리가 돼버린 것으로 보인다.

나라 꼴이 왜 이렇게 돼버렸을까? 말할 것도 없이, 나라를 통치하는 집권세력이 국가라는 것을 사유화해버렸기 때문이다. 즉, 민주주의는 말할 것도 없고, 공화주의가 무엇인지 알지도 못하고 알려고도 하지 않기 때문이다. 그리하여 국가의 중대사를 국민들과 의논도 하지 않고 결정해버리는 일이 당연지사로 발생하고, 이의를 제기하는 사람들은 '불순세력'으로 규정·겁박하는 몰상식한 짓이 끊임없이 반복되고 있다. 그리하여 지금 대한민국이라는 나라는 이성적인 언어, 공론이라는 게 통하지 않는 나라가 돼버렸다.

그런데 나라 꼴이 이렇게 된 것은 과연 국가권력의 무지몽매한 전횡에만 그 원인이 있을까? 무엇보다 큰 책임은 능동적이든 소극적이든 불의한 권력행사를 음으로 양으로 뒷받침해온 지식인·전문가·과학자들에게 있다고 나는 생각한다.

원자력 문제뿐만 아니다. '4대강 살리기'라는 터무니없는 이름으로 우리나라 최대의 생태적 보고를 파괴할 때에도, 천안함 침몰 때에도, 가습기 살균제 사건에서도, 그리고 지금 백남기 선생의 사인을 둘러싼 공방에서도, 늘 거기에는 전문가·과학자의 양심 문제가 개재돼왔다. 하기는 인생사에서 양심은 대체로 욕심보다 힘이 약하다. 그리고 오늘날 과학자들이 권력과 자본에 굴종적이거나 친화적인 것은 불가피한 측면도 있다고 할 수 있다. 즉, '맨해튼프로젝트' 이후 현대과학은 거대화·상업화함으로써 국가 및 자본과 친밀하지 않고는 존립이 어렵게 되었기 때문이다.

하지만 전문가·과학자도 인간이다. 그렇다면 자신의 인생을 '좋은 작품'으로 만들고 싶은 욕망이 어느 정도는 있지 않을까? 그래서 "불의한 나라에서 부귀를 누리는 것은 부끄러운 일"(논어)이라는 선현의 말씀을 이해할 귀는 가지고 있지 않을까? (한겨레, 2016-10-7)

그들은 뭘 하고 있었나

어이가 없다고 해야 하나? 황당하다고 해야 하나? 국회에 나와서 임기 내에 개헌을 주도하겠다고 '폭탄선언'을 할 때만 하더라도 독선적인 표정이 역력했는데, 바로 이튿날 "국민들께 사과한다"며 고개를 숙이는 모습을 보고 있자니 도무지 갈피를 잡을 수 없다. 사과한다면서도 빤한 거짓말을 몇 마디 하고는 기자들의 질문도 받지 않고 퇴장하는 것을 보고 그걸 진솔한 사과라고 받아들일 '국민'은 아무도 없겠지만, 그래도 늘 자기만 옳다는 독선적인 자세로 일관하던 권력자가 저렇게 힘이 빠진 모습을 보는 것은 참으로 낯선, 결코 유쾌하다고 할 수 없는 경험이다.

생각할수록 기괴스럽다. 국정원의 개입 덕분이든 뭐든 박근혜 정부는 합법적 절차에 따라 국민에 의해 선출된 정권이었다. 그런데 알고 보니 이 정권의 막후에서 국가운영을 사실상 조종하고 좌우해온 실질적인 권력은 최 아무개라는 개인이었다. 그렇다면 우리가 지난 몇 년간 박근혜 정권이라고 생각했던 정부는 실제로는 허깨비에 불과했고, 실상은 최 아무개 정권이었다는 게 아닌가? 그러니까 그 누구도 모르고, 아무도 그 권력행사를 위임해준 바 없는 일개 사인(私人)에 의해 대한민국 국민들이 지배를 받고, 통치를 당해왔다는 게 아닌가?

어떤 학자들은 그동안 한국의 대통령제를 규정하여, 삼무(三無) 대통령제라고 말해왔다. 즉 무책임, 무반응, 무소불위로,

마땅히 책임을 져야 할 일에 책임을 지지 않고, 국민의 목소리에 반응을 보이지 않고, 제 마음대로 국가를 운영하는 습성에 길들여진 최고 권력자의 제왕적 통치방식을 그렇게 불러온 것이다. 그런데 이제는 여기에 한 가지 더, 즉 '무개념'을 추가하여 '사무(四無) 대통령제'라고 불러야 할 형편이 되었다. 그리하여 우리는 오로지 권력을 장악하는 데만 급급할 뿐, 국가란 무엇인지, 공과 사는 어떻게 구별되는 것인지, 대통령직이란 무엇을 하는 자리인지에 대한 기초적인 개념도 없는 인물이 대통령직을 수행할 때에 나라가 어떻게 망가지는지 지금 통절하게 경험하고 있다.

되돌아보면, 지난 몇 년간 이 나라에는 참으로 말도 안되는 일들이 끊임없이 벌어졌다. 가장 가깝게는 농민 백남기의 죽음을 둘러싼 국가권력의 불가사의한 패륜행위를 들지 않을 수 없다. 백남기 그분이 경찰의 무자비한 물대포를 맞고 뇌가 망가져 결국 죽음에 이르렀다는 것은 천하가 다 아는 일이다. 그런데도 이 나라 공권력은 굳이 부검을 하여 정확한 사인을 알아내겠다면서 이미 무너질 대로 무너진 유족의 마음을 갈가리 찢고, 수많은 시민들의 분노를 사고 있다. 검찰과 경찰이 부검을 하겠다는 것은 무슨 수로든 사망의 원인을 조작하여 자신들의 책임을 얼버무리겠다는 속임수라는 것은 누가 봐도 빤하다.

그런데도, 공권력의 정당한 행사라는 형식논리를 들이대며, 이 무도하고 파렴치한 작태를 멈추지 않는 까닭은 과연 무엇일까? 아무리 썩을 대로 썩었다는 대한민국 공권력이라고 하지만 자기들도 인간인데 이렇게까지 반인륜적인 폭거를 행하는 이유는 도대체 무엇일까?

세월호 문제도 조금도 다르지 않다. 이 사회에 만연한 돈밖에 모르는 풍조, 부실하기 짝이 없는 관리·감독 체계, 꼭대기에서 밑바닥까지 공적 책임의식의 철저한 붕괴 등등으로, 어차피 사고는 났고, 수많은 아까운 생명이 희생되었다. 그렇다면 국가는 마땅히 사고의 원인을 규명·조사하는 데 적극 나서거나 협력해야 했다. 그래서 국가 자신의 책임이 막중한 만큼 공정한 조사가 되기 어렵다는 비판의 목소리를 겸허히 받아들여 민간 특별조사기구에 의한 진상조사를 적극 돕고 성실히 뒷받침해야 마땅했다. 법률적 형식논리를 따지기 전에, 그것이야말로 국가라는 공동체가 계속 존립하려면 반드시 수행해야 할 최소한의 윤리적인 행위라는 인식이 절대적으로 필요했다.

하지만 우리가 익히 보아온 대로, 이 정권은 진상조사를 돕기는커녕 끊임없이 방해하고, 특별조사위원회의 활동 시한마저 자의적으로 정한 뒤, 결국 조사활동 자체를 강제로 종료시켜버렸다. 사고 이후 2년이 더 넘었는데도, 그리고 지금도 광화문에서는 유족들이 진상 규명을 피눈물로 호소하며 농성 중인데도, 국가는 들은 척도 하지 않고, '세월호'는 아직도 미스터리 속에 싸여 있다. 그리고 이 상황은 언제 해소될지 기약이 없다. 현대국가 가운데 이런 불가사의한 일이 벌어지고 있는 나라가 또 있을까? 국가권력이라는 게 대체 뭐길래 이토록 반인륜적인 작태를 계속 보여주고 있는가?

나열하자면 끝이 없다. 개성공단 폐쇄도, 사드 배치 문제도 마찬가지다. 특히 우리에게 남북문제는 힘들고 고달프지만 어쨌든 조심스럽게 관리하여 평화를 유지하면서 궁극적으로 통일을 도모해야 하는 중차대한 과업임은 말할 필요가 없다. 그러자면 우리 사회의 최량의 지혜를 발굴·결집하여 최대한의 합리성으로 대응하지 않으면 안된다. 하지만 오랫동안의 인내와 용기와 지혜의 산물이라고 할 수 있는 개성공단을 이 정권은 하루아침에 폐쇄해버렸다. 그 결과 많은 중소기업이 쓰러지고, 가까스로 남아 있던 남북 간 교류의 마지막 통로가 닫혀버렸다.

그러나 우리는 이 무모한 결정이 납득은 안되지만, 어쨌든 국가 최고 권부에서 내린 결정인 만큼 거기에는 나름대로 합리적인 논의와 숙의 과정이 있었을 것이라고 생각했다. 그런데 최 아무개라는 이가 국가 중대사를 좌지우지했다는 정황이 드러난 지금에 와서 생각하니, 개성공단 폐쇄 결정에도 그의 개입이 있지 않았을까, 모골이 송연하지만, 의심이 드는 것은 어쩔 수가 없다.

여기서 정말 짚어야 할 게 있다. 국가운영이 이토록 어지럽게 돌아가고 있는 상황에서 국무총리를 비롯하여 대통령을 보좌한다는 사람들, 그리고 집권당 고위 인사들이라는 자들은 대체 뭘 하고 있었나 하는 것이다.

대통령에게 직언은커녕 그저 어린애들처럼 고분고분 순종만

하면서 국록(國祿)만 축내고 있었다는 얘기인가? 대통령 비서실장이라는 이는 이번 사태의 진상이 드러나기 전에 국회에서 "봉건시대라면 모를까 운운"하며 최 아무개라는 숨은 권력자의 권력행사를 부정했다. 하지만 지금 드러난 진상은 오늘의 대한민국 최고 권부는 옛 왕조시대보다 훨씬 더 질 낮고 무책임하고 비겁한 자들의 소굴이었음을 알려주고 있지 않은가?(경향신문, 2016-10-27)

'들사람의 얼'이 필요하건만

일각(一刻)이라도 빨리 대통령직 수행을 정지시켜야 한다. 이대로 두면 너무 위험하다. 보수·진보를 가릴 것 없이 온 국민이 거의 일치된 목소리로 더이상 대통령으로 인정할 수 없으니 물러가라고, 주권자의 이름으로 준엄하게 명령하고 있음에도 불구하고, 박근혜는 이 상황에서 고위 공직자들을 새로이 임명하기도 하고, 나아가서는 한·일 군사정보보호협정이라는 무시무시한 조약까지 맺었다. 언제까지일지 모르지만, 이대로 가면 국가·국민의 운명을 파탄으로 몰아넣을지 모르는 이와 같은 짓들을 계속해서 저지를 게 아닌가?

이 나라가 지난 수년간, 선출된 공적 권력이 아니라 사실상 최 아무개라는 사인(私人)에 의해 지배돼왔다는 충격적인 사실이 폭로되었을 때, 대한민국 국회는 즉각 대통령의 직무 정지에 착수해야 했다. 민주주의가 무엇인지, 공화국이 무엇인지를 이해하는 정치가라면 백만 명의 시민들이 광장으로 쏟아져 나오기 전에 마땅히 탄핵 절차를 서둘러야 했던 것이다. 현재의 대한민국 국회가 아무리 '공공심을 결여한 인간들(idiotes)'의 집합체라고 할지라도, 그 정도의 일은 명색 국민의 대표로서 이행해야 할 최소한의 책무였다. 그런데도 야당 의원들조차 한없이 꾸물거리더니 이제야 비로소 탄핵 절차에 들어가기로 합의했다는 보도가 나온다. 대체 무슨 궁리를 하고 있었다는 것인가?

야당이 우려하는 것은 다음과 같은 것들이라고 한다 — 현재의 국회 의석으로 볼 때 여당 의원들의 상당수가 동의해야 탄핵안이 가결된다. 또, 탄핵안이 국회를 통과해도 헌법재판소가 받아들이지 않으면 실패할 수 있다. 그리고 무엇보다 국회에서 탄핵안이 가결되면 대통령은 직무가 정지되지만, 그 대통령의 충직한 머슴으로 지내온 현 국무총리가 당분간 국가를 운영하는 책임자의 지위를 맡게 된다.

이러한 우려는 일면 합리적인 근거를 갖고 있다. 일단 발의된 탄핵안은 성사돼야 하고, 임시적으로나마 행정부를 관리할 인물이 합리적이어야 한다는 것도 합당한 생각이다. 그러나 정치에 있어서 가장 중요한 것은 무엇이 지금 상황에서 가장 긴급한 것인가를 결단할 수 있는 능력이다. 나는 한 사람의 시민으로서, 그리고 (부끄러운 말이지만) 한 사람의 지식인으로서, 지금 우리에게는 박근혜의 대통령직 수행을 즉시 정지시키는 것보다 더 시급한 과제는 없다고 생각한다. 나머지 우려 사항은 그다음의 문제이고, 그때 가서 대응하면 된다.

그런데 문제는 지금의 국회가, 좀더 좁혀 말하면, 야당 정치인들이 과연 자기들에게 맡겨진 이 중대한 역사적 책무를 감당할 능력과 용기가 있는가 하는 것이다. 아니, 이 문제가 자신들이 떠맡아야 할 역사적 책무라는 것을 제대로 인식이나 하고 있는지 모르겠다.

돌이켜보면, 박근혜라는 인물이 정치무대에 등장한 것 자체가 그 자신에게나 우리 모두에게 재앙의 시작이었다. 실제로 박근혜는 박정희의 딸이라는 것 말고는 책임있는 정치가로서 아무런 자질도, 능력도 보여준 바 없었다. 그리고 무엇보다도 그가 공과 사를 전혀 구별하지 못하는 위인이라는 것은 오래 전부터 웬만한 사람들은 이미 다 알고 있었다.

예를 들어, 정수장학회나 영남대학교를 자신이 상속받은 개인 재산으로 간주해온 것은 그가 공민의식을 완전히 결여한 사람임을 입증하는 단적인 증거였다. 개인적인 얘기지만, 나는 박정희가 사망한 직후 1980년 봄에 영남대 교원으로 발령을 받았다. 내가 그 이전에 재직하던 학교를 떠나 영남대로 옮긴 이유 중에는 매우 순진한 기대가 있었다. 즉 1960년대 중반에 박정희 정권이 대구대학과 청구대학이라는 (대구·경북지역의 유지들이 해방 직후 설립한) 두 명문 사학을 거의 강제적으로 통합하여 설립한 이 대학이 이제 독재정권의 손아귀에서 벗어나 원래의 민립대학의 지위를 회복할지 모른다, 그러면 영남대는 '주인' 없는 대학이 되어 한국사회에서는 드물게 대학자치의 모범을 보여줄지 모른다, 라는 기대 말이다. 그러나 이런 기대는 전두환의 등장으로 곧 깨지고 말았지만, 그 와중에 동료들과 내가 가장 의아스럽게 생각한 것은 박근혜가 대학의 새 주인 행세를 하기 시작했다는 사실이다. 원래 영남대는 박정희가 독재권력을 가지고 남의 재산을 강취(强取)하여 만든 학교였으나, 적어도 공식적으로는 특정 개인이 아니라 5·16재단이라는 공익 재단에 귀속돼 있었다. 그런데 독재자 박정희가 사망하자 그 딸이 이 학교를 마치 자기 부친이 물려준 정당한 사유재산인 양 상속을 해버린 것이다. 공과 사의 구별에 대한 의식 자체가 없는 이 너무도 뻔뻔스러운 처사에 우리는 엄청난 분노를 느꼈지만, 무도한 군사정권의 지배하에서 우리는 침묵하고, 굴종의 세월을 견딜 수밖에 없었다. 꼽아보니 그로부터 35년이 지났다.

그런데 지금 새삼 우리가 놀라는 것은, 실은 이 나라의 정치판과 언론계에서는 박근혜라는 개인이 정치가로 등장할 때부터 그가 공직자로서는 매우 부적격한 인물이라는 사실을 모르는 사람이 거의 없었다는 사실이다. 그럼에도 그는 선거제도가 갖는 허점을 타서 승승장구한 끝에 드디어 대통령이라는 지위까지 상속을 하였고, 그 결과 나라는 철저히 망가져버렸다. 그러니까 박근혜 개인의 책임도 책임이지만, 사태를 이 지경까지 방치하거나 방조해온 자들이 더 문제라고 하지 않을 수 없다. 책임져야 할 자들에는 어용언론과 여당 정치가들뿐만 아니라 소위 야당 정치가들도 포함돼 있다는 것은 길게 말할 필요도 없다.

벌써 한 달 가까이 수많은 시민들이 광장과 거리로 나와, 너나없이 새로운 나라, 좋은 나라를 만들자고 눈물을 흘리며 절규하고 있다. 그러나 이 엄청난 운동이 정당한 결실을 거두자면, 지혜롭고 용기있는 정치지도자들의 역할이 불가결하다고 할 수 있다. 하지만 일찍이 함석헌 선생이 말씀하신 "들사람의 얼"을 가진 그런 사람들이 이 나라 정치판에서는 왜 좀처럼 보이지 않을까? 계산에만 열중할 뿐 자기희생을 모르는 좀비들 이외에 왜 '큰 인간'이 없을까? (경향신문, 2016-11-24)

시민의회를 생각한다

왜 저렇게 앙탈을 부리며 버티고 있을까? 온 나라의 광장과 거리로 백만, 이백만의 시민들이 쏟아져 나와 '물러가라'고 한목소리로 외치기 시작한 지 한 달이 넘어가는데도, 어째서 번번이 거짓말과 공허한 변명으로 '담화'라는 것을 발표하고는 구중궁궐 속으로 숨어버리기를 되풀이하는 것일까?

사실, 진퇴를 분명히 한다는 것도 웬만한 소통능력이 없이는 안될 일일 게다. 예를 들어, 18세기 아프리카의 다호메이 왕국에는 특이한 정치적 관습이 있었다. 즉, 신하들이 보기에 국왕이 정치를 잘못하고 있다고 판단되면, 대표자를 왕에게 보내 앵무새의 알을 전해주는 관습이 있었다는 것이다. 이 앵무새 알은 '이제 국왕께서는 많이 피로하셨으니 주무시는 게 필요하다'라는 메시지를 담고 있었다. 그러면 그 앵무새 알을 받아든 왕은 지체 없이 뒷방으로 물러나서 그 방에서 기다리는 아내들에게 자신의 목을 조르라고 명령하고, 이윽고 영원의 잠에 든다는 것이다(물론 앵무새 알의 메시지를 받아들이기를 거부한 왕들도 때때로 있었고, 그럴 때는 온 나라가 걷잡을 수 없는 혼돈상태로 빠져들었다).

생각해보면, 국왕이나 국가의 최고 권력자에게 신하들이나 측근이 '퇴진'을 직설적으로 요구하거나 조언하는 것은 결코 쉽지 않은 일일 것이다. 그런 의미에서 앵무새 알이라는 상징적인 물건으로 의사소통을 했던 다호메이 왕국의 관습은 매우 지혜로운 것이었다고 할 수 있다. 지금 우리에게는 다호메이의 앵무새 알 같은 것은 없지만, 더 확실한 메시지 전달 방식이 있다. 즉, 대통령에 대한 지지도를 알려주는 여론조사가 상시적으로 공표되고 있고, 결정적으로는 수많은 시민들이 광장과 거리로 나와 어둠을 밝히는 장엄한 촛불시위가 있다. 앵무새 알이라는 상징적인 방식이 아니라 완전히 직설적으로 퇴진을 요구하는 이 대규모 촛불시위가 벌써 다섯 번이나, 그것도 헤아리는 것이 무의미할 정도로 압도적인 시민들의 참가로 전개되었음에도 이 신호를 읽지 못한다면, 남은 방법은 하나일 수밖에 없다. 즉, 퇴진을 '강요하는' 것이다.

실은, 대한민국이 지난 몇 년간 선출된 공적 권력이 아니라 일반시민들이 전혀 알지도 못하는 누군가에 의해서 자의적으로 지배되어왔다는 사실이 언론에 의해 폭로되었을 때, 대통령에 대한 탄핵 절차는 망설임 없이 즉각 개시돼야 했다. 그런데도 소위 정치권은 우물쭈물 시간을 허비했고, 이제야 탄핵 절차에 들어가겠다는 야당의 일치된 입장이 발표되었다. 물론 현재의 국회 구성으로 봐서 여당 의원들의 상당수가 찬동을 하지 않으면 탄핵안이 부결된다는 게 현실이긴 하다. 하지만 나는 좌고우면할 것 없이 곧바로 탄핵안을 상정하는 것이 옳다고 믿는 사람 중의 하나이다. 왜냐하면 무엇보다도 이 나라가 정말 민주공화국이고, 앞으로도 민주공화국으로 남아 있으려면, 최고 권력자라고 해서 적당히 봐줘서는 절대로 안될 뿐만 아니라 오히려 그에게는 법치의 원칙을 더 준엄하게 적용하는 게 마땅하기 때문이다. 지금 대통령이 저지른 죄는 배고픈 장 발장이 빵 한 조각을 훔친 정도의 죄가 아니다. 생각하면 할수록 그의 과오는 가공할 만한 것이라고 할 수 있다. 그의 개념 없는 무책임한 통치로 인해 나라의 위신과 국민들의 자존심이 처참하게 망가진 것은 말할 것도 없고, 국가의 주권과 자주성, 그리고 남북관계가 돌이키기 힘들 정도로 손상되고, 무엇보다도 힘없고 가난한 절대다수 평민들의 삶에서 희망이 사라졌다.

그런 의미에서, 탄핵 절차를 미루고, 우물쭈물한다는 것은 그 자체가 또하나의 용서할 수 없는 죄를 저지르는 것이라고 할 수 있다. 그러므로 야당은 여당 의원들의 태도에 대해서 걱정할 것도, 불안을 느낄 필요도 없다. 여당 의원들도 자신들이 탄핵에 찬성하지 않을 때, 그들의 정치적 생명이 끝난다는 것을 모르지 않을 것이다. 아무리 무기명 투표라고 하지만 누가 탄핵안에 찬성하고 반대했는지는 결국 어떤 식으로든 드러나게 마련이다. 그리고 무엇보다 국민들의 뜻을 어기면서 국민의 대표 노릇을 계속한다는 게 불가능한 일임을 모르는 어리석은 자들은, 비록 일시적으로 '의원님' 행세를 할 수 있을지 몰라도 결국은 도태되고 만다는 것을 절감하는 날이 곧 다가올 것이다.

헌법재판소의 결정에 대한 위구심도 버리는 게 좋다. 헌재의 재판관들은 멀리 떨어진 섬나라의 주민들이 아니다. 그들 중 다수가 보수파라고 하지만, 지금 광장에 촛불을 들고 나오는 다수 시민들도 보수파이다. 지금 우리에게 닥친 문제는 진보·보수의 문제가 아니라 국가의 존립과 운영의 근본질서에 관한 문제이다. 그리고 헌재의 재판관들이 기본적으로 민주국가를 표방하는 나라의 법률가라는 사실을 우리는 잊어서는 안된다. 그들이 법리와 민주적 원칙에 어긋난 판단을 할 리가 없다는 것을 우리는 믿어야 한다. 탄핵심판 기간 동안 현 총리가 대통령 권한을 대행하게 된다는 사실을 우려하는 사람들도 꽤 있지만, 이것도 별로 신경 쓸 일이 아니다. 그것은 그의 양식을 믿어서가 아니라 그도 거의 모든 인간처럼 근본적으로 이기적인 인간일 것이기 때문이다. 그 역시 자신의 이익을 우선적으로 생각한다면 현 상황에서 대다수 시민들의 뜻에 어긋나는 행동을 한다는 게 얼마나 위험한 행동인가를 모를 리가 없을 것이다.

요컨대, 지금 가장 중요한 것은 박근혜의 대통령직 수행을 시급히 정지시키고 그가 국가수반의 자격으로 어떠한 엉뚱한 대외적·대내적 중요 결정도 더이상 하지 못하게 막는 일이다.

우리가 정작 걱정할 것은 탄핵안 처리 이후의 상황이다. 지금 분위기로 볼 때, 한동안 개헌 문제로 나라가 시끄러워질 것으로 보인다. 탄핵 절차를 밟기 전에 현 대통령의 임기 단축을 위한 개헌을 하자(그렇게 해서 대통령의 '명예로운' 퇴진을 돕자)는 여당 일각의 주장은 일고의 가치도 없는 주장임은 길게 말할 필요가 없다. 그러나 (실은 개헌보다 시급한 것은 비례대표제 확대를 위한 선거법 개정이라고 나는 생각하지만) 필요하다면 개헌 논의 자체를 차단할 이유는 없을 것이다.

지금 촛불을 들고 광장에 나오는 시민들의 절규에는 단지 대통령의 퇴진만이 아니라 이제는 정말로 좋은 나라, 희망이 있는 나라에서 살고 싶다는 간절한 염원이 들어 있다. 좋은 나라란 별게 아니다. 정치가 민중의 삶의 요구에 민감하게 반응하는, 즉 민주주의가 살아있는 나라이다. 그 민주주의를 강화하는 것이라면 법과 제도를 고치는 일을 주저할 이유가 없다. 하지만 여기서 가장 중요한 문제가 있다. 그것은 헌법이든 선거법이든 개혁의 주체는 어디까지나 나라의 주권자, 즉 '평범한 보통 시민들'이어야 한다는 사실이다.

오늘날 이 나라가 이토록 망가진 것은 국가운영을 맡아온 정치가들이 다수 민중의 이익을 거스르고 소수의 기득권자·특권층의 이익을 챙기는 데 열중해온 결과라고 할 수 있다. 그렇다면 이제 법과 제도의 개선 작업을 누구에게 맡겨야 할지는 자명하다. 내가 보기에 가장 바람직스러운 것은, 전국의 시민운동가들과 시민단체들이 총집결하여 제비뽑기로 100~200명 정도의 대표자들을 뽑아 '시민의회'를 구성하여, 거기서 관계 전문가와 학자들의 조력을 받아 상당 기간에 걸친 숙의와 활발한 토의를 통해서 새로운 헌법안과 선거법을 작성하고, 그것을 국회가 수용하도록 하는 방법이다. 다소 낯선 제안으로 들릴지 모르지만, 이것은 민주적 원칙에 가장 부합할 뿐만 아니라 지금 촛불시위에 표현되고 있는 이 나라 민중의 엄청난 민주적 열망을 정당하게 수렴하는 최선의 방법일 것이다. (한겨레, 2016-12-2)

'시민권력'으로 세상을 새롭게

시인 김해자는 미발표 근작시 〈여기가 광화문이다〉에서 "대통령 하나 갈아치우자고 우리는 여기에 모이지 않았다"고 일

갈한다. 이것은 지금 주말마다 촛불을 들고 광장으로 나오는 수많은 시민들의 공통적인 심경일 것이다. 우리가 하던 일을 멈추고 "빛이 사방을 덮어 세상 곳곳으로 퍼진다는 광화문"으로 모이는 까닭은 명백하다. 세습권력들과 그들에게 빌붙어 충성해온 직업정치인, 관료, 언론, 각종 전문가들로 구성된 지배체제를 탄핵하기 위해서이다. 그리하여 사람들은 "연민과 분배와 정의가 얼어붙은 사이/농촌은 해체되고 청년들은 미래를 빼앗기고 노동자들의 삶은 망가져버린" 나라를 다시 일으켜 "만인이 만인에게 적이 되고 분노가 되는 세상이 아니라/만인이 만인에게 친구가 되고 위안이 되는 세상을" 열자고 한목소리로 외치고 있다.

경이롭게도, 토요일의 광화문 풍경은 우리가 평소에 안다고 생각했던 그 한국사회가 아니다. 거기는 사람을 어떻게 대하고, 배려해야 하는지를 아는 사람들로 충만한 공간이다. 같은 목적을 갖고 나왔기 때문에 그곳이 환대의 장소가 되는 것은 자연스럽다고 할 수 있다. 하지만 예를 들어, 엄청난 인파로 발 디딜 틈도 없는 공간 속에서 사람들이 서로의 안전을 배려하여 몹시 조심스럽게 움직이며 뭐든지 기꺼이 남에게 양보하려는 모습들을 보고 있으면, 여기가 바로 어제까지 모래알처럼 흩어져 각자도생에 열중하던 사람들이 살던 곳이 맞나, 하는 생각이 절로 든다.

그뿐만 아니다. 시위가 열리는 광장에는 개인 돈을 들여 마련한 촛불이나 핫팩을 참가자들에게 열심히 나눠 주는 이들이 있고, 자기 장사는 접고 차와 음식과 떡볶이를 무료로 나눠 주는 소상인들도 등장한다. 그런가 하면 젊은 자원봉사자들은 여기저기서 임시 화장실이 어디에 있는지를 알려주는 팻말을 들고 추위 속에서 몇 시간이고 서 있다.

놀라운 이야기는 이 밖에도 많다. 시위가 있는 날은, 가령 청와대 근처의 도로는 경찰차들이 철벽처럼 길을 막아놓고 있는 탓에 차량 통행이 불가능하다. 그래서 그 동네, 특히 세검정 일대의 주민들은 시위에 참가하려면 걸어서 갈 수밖에 없는데, 문제는 그 중간에 자하문터널을 통과해야 한다는 것이다. 그런데 언젠가부터 몇몇 인근 주민들이 자신들의 승용차를 가지고 나와서 터널 구간을 무료로 태워주는 일종의 셔틀을 운행하기 시작했다.

자신의 시간과 돈을 아낌없이 내놓고 시위에 참가하고, 참가를 독려하는 이런 시민들의 이야기들을 들을수록 우리가 결코 '이상한' 대통령 하나 때문에 광화문에 모이는 게 아니라는 사실이 실감 난다. 사람들의 열망은, 말할 것도 없이, 이제는 썩어 문드러진 구체제를 제대로 청산하고 정말로 인간다운 삶이 가능한 세상을 보고 싶다는 것이다.

그 세상은 어렵고 복잡한 말로 묘사할 필요가 없다. 주말의 광장에는 새로운 세상, 새로운 삶에 대한 비전과 지혜가 놀랄만큼 선명하게, 풍부하게, 강력하게 분출되고 있다. 예를 들어 무대 위에 오른 어떤 밴드 가수는 "우리에게 필요한 것은 새마을운동이 아니라 옛마을운동"이라고 노래 불렀다. 그 노래의 뜻은 일찍이 박정희 정권이 앞장서서 유포시킨 '새마을정신'이란 실은 황금물신주의를 조장하고 (농촌)공동체를 와해시킨 원흉이었고, 따라서 지금은 사람들이 정을 나누며 서로 돕고 살았던 '옛 마을'의 정신을 되살리는 게 훨씬 더 중요하다는 것이다. 그리고 그는 이 나라 정치인들이 "밥값을 못하고" "서비스 정신"이 몹시 부족하다고 신랄하게 꼬집고, "서비스를 제대로 못 하는 업체는 갈아치우는 게 당연하다"고 읊조렸다.

주말 광화문 광장에서 듣는 발언은 실로 감동적인 게 한둘이 아니다. 자신이 생각하는 좋은 나라를 또박또박 설명하는 어린 학생들과 시골에서 온 할머니, 늙은 농민과 노동자들, 그리고 무엇보다 세월호 희생자 가족들의 슬픔과 고통에 대해 언급하면서 눈물을 흘리는 사람들 등등. 너무나 수준 높고 품위있는 언어가 표출되고 있는 이런 장면 앞에서 새삼 느끼는 것은 지금과 같은 형태의 대의민주주의 정치는 이제 더는 다수 민중의 민주적 열망과 지혜를 담는 그릇이 될 수 없다는 점이다.

지금 광화문을 비롯해서 전국의 광장과 거리로 나오는 사람들이 하나같이 주장하는 게 있다. 즉, 나라의 주권은 '우리'에게 있지, 일시적으로 권력을 위임받은 자들에게 있지 않다는 것이다. 이것은 아마도 1987년 6월이나 2008년 광우병 파동 때의 시위 장면에 비해서 한결 더 구체화된 민주주의적 요구의 표현이라고 할 수 있다. 다시 말하면, 사람들이 국가의 중대사를 의논하고 결정하는 과정에서 그 결정의 주체는 민중

자신이어야 한다는 사실을 명확히 인식하게 된 것이다.

지금 광장에서 울려 나오는 구호 가운데는 쌀값 문제, 노동탄압, 인권 및 환경문제 등등 개별적 이슈에 관련된 것들도 있지만, 전체적으로는 대통령의 탄핵문제에 집중돼 있으며 그와 동시에 재벌문제 척결을 외치는 목소리가 크게 공감을 얻고 있다. 이는 무엇을 말하는가? 이제 대다수 시민들 사이에서는 오늘의 한국사회가 '헬조선'으로 돼버린 것은 무엇보다 소위 정경유착, 즉 정치가 금권에 의해서 유린·농락되어왔기 때문이라고 보는 게 상식이 되었음을 뜻하는 게 아닌가? 정치뿐만이 아니다. 나라의 흥망을 좌우하는 윤리적 기초를 수호해야 할 언론, 학계, 사법부, 그리고 검찰이 얼마나 부패하고 타락했는지 이제 대다수 시민들은, 아이들까지도, 뼛속 깊이 알고 있다.

2016년 겨울, 우리의 최대 과제는 민주주의다운 민주주의 체제를 수립하는 일임이 분명하다. 시위나 봉기는 결국 일시적이다. 필요한 것은 새로운 제도나 법을 만들어 민중의 민주적 열망이 지속적인 생명을 갖도록 하는 것이다. 그리고 이때 제도와 법을 만들거나 개정하는 주체는 어디까지나 시민들 자신이어야 하며, 따라서 '시민의회'든 '시민주권회의'를 통해서든 '시민권력'의 힘으로 나라의 틀을 새로 짜는 것이 핵심이라고 할 수 있다. 그게 지금 광장을 밝히는 촛불의 의미를 옳게 이해하는 방식일 것이다. (경향신문, 2016-12-22)

Ⅲ. 시민권력과 시민의회

새로운 정치와 '경제성장'

새해 첫 월요일 저녁 JTBC 신년토론을 유심히 보았다. 헌법재판소에서는 대통령에 대한 탄핵 심판이 진행되고, 전국의 광장에서는 사상 최대의 촛불데모가 식을 줄 모르고 계속되고 있는 상황에서 최근 가장 신뢰받는 언론으로 떠오른 방송사의 특별 프로그램이기도 했고, 또 예고된 출연자들에 대한 기대감도 컸기 때문이다. 간단히 말하면, 나는 지금 한국의 제도권 정치에서 이른바 양심적 진보와 합리적 보수 측을 가장 적극적으로 대변하는 것으로 보이는 두 사람, 즉 이재명과 유승민이 공개 토론에서 서로 얼굴을 마주 보며 무슨 이야기를 어떻게 할 것인가가 매우 궁금했다.

알려진 대로 둘은 곧 닥칠 차기 대통령 선거에 후보로 나올 생각을 가진 사람들이다. 실제로 이번 선거에서 그들이 과연 소속 정당의 공식 후보가 될 수 있을지 어떨지는 지금 미지수이다. 그리고 그것은, 적어도 나 같은 사람에게는, 별로 중요한 문제가 아니다. 그보다 더 중요한 것은 그들이 실제로 대통령이 되는 것과 관계없이 이미 꽤 시민들의 주목을 받고 있다는 점이다. 따라서 그들이 지금 행하는 발언과 그것을 뒷받침하는 신념과 생각은 대통령이 되고자 하는 여타 후보자들에게도 어떤 식으로든 영향을 미칠 가능성이 있다고 할 수 있다.

우리는 민주주의국가에서는 기본적으로 '지도자'와 민중의 관계는 평등하다는 것을 늘 강조할 필요가 있다. 그러나 동시에 잊지 말아야 할 것은, 민주주의가 정착하기까지는, 아니 민주주의의 전성기에도, 지도자의 리더십이 관건적인 중요성을 갖는다는 것을 고대 그리스 이래 민주주의의 역사가 가르쳐주고 있다는 사실이다. 생각하면 이것은 당연하다. 왜냐하면 가령 대통령에 관해 말한다면, 제왕적 혹은 폭군적 대통령은 논외로 하고, 기본적으로 대통령(president)이란 원래 말뜻 그대로 '사회자'로서 역할을 하는(혹은 해야 하는) 존재이기 때문이다. 어떤 회의에서든 회의의 성공과 실패는 거의 사회자가 좌우한다는 것은 상식이다. 마찬가지로 국가운영에서 사회자로서의 대통령의 능력은 필수적이라고 할 수 있다. 그런데 어떤 소소한 모임에서도 훌륭한 사회자가 된다는 것은 쉽지 않은 일인데, 하물며 복잡하고 방대한 국가적 차원의 정책을 의논하고 결정하는 데 사회자 노릇을 제대로 한다는 게 아무나 할 수 있는 일이 아니라는 것은 말할 필요도 없다. 우리가 정치지도자, 그중에서도 대통령이 될 가능성이 있는 사람들의 자질을 철저히 따져야 하는 것은 그 때문이다.

그날 방송토론은 결론적으로 낙제였다. 그렇게 된 것은 토론에 참석한 어떤 패널의 무례하고 난폭한 행동 탓도 있었지만, 그것만이 문제가 아니었다. 진지한 토론이 막 시작된 순간, 즉 별 쓸모없는 지엽적인 말들이 어지럽게 교환된 끝에 비로소 쟁점다운 쟁점이 부각되었다고 생각되었을 때는, 이미 토론을 끝내야 할 시간이 돼버렸던 것이다.

내 생각에 그날 토론의 유일한 쟁점다운 쟁점은 유승민 의

원이 이재명 시장에게 했던 질문에서 제기되었다. 즉, 유승민은 이재명이 강조하는 '경제적 정의'에 대해서는 자신도 전적으로 동의하지만, '경제적 정의'는 '경제성장'에 의해 뒷받침되지 않으면 무의미하다고 말하면서 새로운 경제성장의 방책에 대한 이재명의 복안이 무엇인지를 물었다. 이 질문에 대한 이재명의 대답은, 그가 다른 장소에서도 자주 말해왔듯이, 고른 분배를 해야 성장도 가능하다는 것이었다. 이것은 이재명뿐만 아니라 이른바 진보적 견해를 가진 사람들이 흔히 하는 이야기이다.

하지만 나는, 이재명이 그렇게 대답하기 전에 질문자에게 반문을 했어야 한다고 생각한다. 즉, 유승민 당신의 경제성장에 대한 복안은 무엇인지 먼저 말해달라고 말이다. 만약 그렇게 물었다면 유승민의 대답은 무엇이었을까. 방송이 끝난 뒤 나는 계속 그게 궁금했다. 내가 궁금하게 생각하는 것은, 요컨대, 오늘날 한국의 합리적 보수파가 생각하는 경제성장 방안이 구체적으로 과연 무엇인가 하는 것이다. 항용 보수파 정치가와 논객들은 경제성장이 중요하다는 말을 끊임없이 되풀이하면서도 그동안 그들이 집권하는 동안 실제 경제운용에서 합리적인(즉, 지속 가능한) 성공을 거둔 바도 없고, 새로운 경제정책에 대한 구상에서도 설득력 있는 대안을 내놓은 적이, 내 기억으로는, 한 번도 없기 때문이다.

무엇보다도 그들은 지금 한국을 포함하여 세계경제 전체가 왜 저성장 혹은 성장정지 상태로 되었는지에 대한 명쾌한 진단과 분석을 보여주지 않고 있다. 그 당연한 결과로, 이 상황에서 경제성장률을 어떤 식으로 더 끌어올릴 수 있다는 것인지 합리적인 방책이 나올 리 없다. 어쩌면 그들이 경제성장을 계속해야 한다고 목소리를 높이는 것은 그들의 경제성장 방안이 실제로는 매우 공허한 것이기 때문일 가능성이 높다. 하기는 전혀 방책을 내놓지 않는 것은 아니다. 그들은 늘 기술혁신의 필요와 그것을 위한 집중적 투자와 지원, 기업하기 좋은 환경 조성, 노사 협조(실제로는 노동운동에 대한 억압), 무역 확대 및 다변화, 공기업 민영화 등등을 운위하고 있지만, 이런 것들은 다른 나라들도 다 해왔을 뿐만 아니라 이제는 더이상 효력이 없는 것으로 판명난 방식이다. 무엇보다도 그들은 그런 방식 때문에 세계 전역에 걸쳐 경제적 불평등이 엄청나게 심화되고 절대다수 민중의 삶과 자연생태계가 철저히 망가져왔다는 사실을 완전히 간과하거나 무시하고 있다.

하기는 보수파뿐만 아니다. 이른바 진보진영도 '성장'이라는 개념 자체는 여전히 당연시하고 있다. 그러나 자원이 한정된 지구에서, 그것도 기후변화라는 절체절명의 위기가 닥쳐 있는 상황에서 더 많은 생산과 소비를 전제로 하는 경제성장을 한없이 계속한다는 게 어떻게 가능할까? 그리고 지금 대부분의 생산품은, 농산물을 제외하고는, 따져보면 '쓰레기'에 불과한 것들이다. 그러한 쓰레기들 때문에 인간과 온갖 생물들이 서식하는 생존의 자연적 토대를 쉴 새 없이 무너뜨리고 있는 이 부조리한 현실을 언제까지 방치할 것인가? 생태주의적 사고를 아직도 비현실적인 이상주의라고 생각하는 사람들이 많지만, 그럴수록 적어도 나라를 새롭게 이끌고자 하는 사람들이라면 이 근본적인 문제를 직시할 용기와 지혜는 갖추고 있어야 하지 않을까? (경향신문, 2017-1-19)

트럼프의 등장과 민주주의

중국 공산당 기관지 〈인민일보〉는 1월 20일 미국의 새 대통령 취임식 이틀 뒤 서구식 민주주의를 비판하는 특집기사를 게재했다. "서구식 민주주의는 역사를 통해서 사회발전을 추동하는 힘으로 공인돼왔지만, 이제 그것은 한계에 봉착했다. 그것은 자본가들이 이윤추구를 위해 사용하는 무기가 되었다." 서구식 민주주의에 대한 이러한 비판의 의도는 짐작하기 어렵지 않다. 즉, 도널드 트럼프라는 자질이 극히 의심스러운 인물이 세계 최강의 국가 최고 통치자로 선출되는 '그로테스크한' 상황을 염두에 두고 글을 썼을 이 신문의 필자는 이 기회에 중국식 정치시스템이 상대적으로 우수하다고 말하고 싶었던 것이다. 그리하여 그는 "자본주의사회의 위기는 사회주의와 맑시즘의 우월성을 보여주는 최신의 증거"라는 주장을 하기까지 했다.

〈인민일보〉의 논리대로 중국의 정치제도가 서구식 민주주의보다 정말 더 나은 제도인지, 그리고 오늘날 중국이 얼마만큼 사회주의나 맑시즘의 정신에 충실한 사회인지는 분명치 않다. 하지만 우리는 오늘의 중국식 정치시스템이 단지 미국식 민주주의의 규칙을 따르지 않는다는 이유로 '뒤떨어졌다'고 보는 편견은 버릴 필요가 있다. 실제로 지금 중국의 정치는 서구식 민주주의국가와 달리 기본적으로 정치의 연속성과 안정성을 누리고 있다. 그리고 무엇보다 오늘의 중국이 집단지도체제, 즉 일인에 의한 지배가 아니라 합의제 정치를 하고 있다는 점에서 공화주의를 나름대로 실천하고 있는 나라라고 할수 있다.

그리고, 모두가 알고 있듯이, 중국은 100년 이상의 굴욕과 시련을 거쳐서 경제대국으로 부상했고, 이제 세계경제에서 차지하는 중국의 비중과 역할은 막대한 것이 되었다. 그리하여 조만간 미국에 필적하거나 혹은 능가할지 모른다는 예측도 설득력 있게 들리는 상황이 되었다. 그러나 여기서 드는 의문은 이러한 중국의 부상이 과연 '새로운 문명의 가능성'을 보여주느냐 하는 것이다. 실제로 중국의 경제발전 방식은 전형적인 자본주의적 방식을 별로 벗어난 게 아니었다. 그리하여 중국도 서구인들과 마찬가지로 세계 각지에서 자원과 시장을 대규모로 확보하려 함으로써 도처에서 자연 파괴와 자원 고갈화 현상이 급속히 심화되고 있다.

따져보면, 중국도 세계자본주의의 일부인 이상, 현재 자본주의가 처한 위기상황을 공유하고 있을 수밖에 없는 나라이다. 이런 현실에서, 〈인민일보〉의 필자가 자부하듯이, 이 위기 상황을 타개하는 데 중국식 정치제도가 과연 효과가 있을까? 미국식 민주주의로는 더이상 희망이 없다는 게 분명해진 오늘날 중국식 시스템이 과연 대안이 될 수 있을까?

아무리 봐도 트럼프의 등장은 쉽게 납득이 안되는 사건이라고 할 수 있다. 부동산 부호일 뿐, 인간적 교양도 시민적 윤리도 완전히 결여돼 있는 것으로 보이는 인물이 미국의 대통령이 되었다는 것은, 평화학자 요한 갈통의 말처럼, 명백히 미국의 쇠퇴를 알리는 신호이다. 선거에서는 상대가 누군지가 결과를 크게 좌우한다. 그러나 힐러리 클린턴이 트럼프와는 비교가 안될 만큼 학식이나 지식, 공직 경험이 풍부한 인물임은 잘 알려진 사실인데도 결국 패했다. 왜? 다양한 분석이 있지만, 가장 중요한 이유는 미국식 민주주의의 수명이 다했기 때문이다.

이번 선거에서 끊임없이 사회적 소수자에 대한 차별적 발언을 쏟아낸 트럼프가 승리한 것은 백인 노동자들의 대폭적인 지지 때문이라는 분석이 있지만, 그보다는 힐러리의 잠재적 지지자들이 열의를 보이지 않았다는 게 더 정확한 설명일 것이다. 사회적 소수파들은 대개 투표를 하지 않거나 오히려 트럼프를 지지하기도 했다. 그런데 2억이 넘는 전체 유권자 중에서 트럼프가 받은 표는 겨우 25퍼센트였고, 기권한 사람들이 거의 절반에 육박했다. 즉, 기성의 정치시스템에 대한 철저한 불신이 지금 미국사회에 만연돼 있는 것이다.

늘 미국의 민주주의가 이랬던 것은 아니다. 원래 건국 당시에 설계된 미국의 정치시스템은 기본적으로 엘리트층 위주로 설계된 측면이 강했으나 200년 이상 우여곡절을 겪으면서 어쨌든 민주주의가 확고해졌다는 믿음이 광범하게 유포되어왔다. 그런데 어째서 이제 와서 미국식 민주주의에 대한 믿음(혹은 환상)이 산산이 깨져버렸을까? 간단히 말하자면, 경제성장이 멈췄기 때문이라고 할 수 있다. 미국식 민주주의는 원래 반민중성이 내포된 시스템이었다. 그럼에도 그게 그런대로 작동해온 것은 크게 보면 경제가 '성장'을 계속해왔던 덕분이었다. 성장의 혜택은 불평등하게나마 하층민에게까지 미치고 그들의 불만을 어느 정도 잠재울 수 있기 때문이다.

하지만 '좋은 시절'은 이제 사실상 끝났다. 경제성장의 가장 확실한 지표는 금리일 것인데, 지금처럼 저금리 혹은 심지어 마이너스 금리 상황이 회복의 전망 없이 장기화하는 것은 역사상 전례가 없던 현상이라고 전문가들은 말한다. 일차적인 원인은 자본주의의 발전에 불가결한 '변경'(비자본주의적 영역)이 거의 다 소멸된 데 있다. 자본주의는 끊임없이 확장되지 않으면 존속 불가능한 시스템이다. 신자유주의는 이 변경의 소멸을 경제의 '금융화'로 극복하려는 시도였지만, 지난 수십 년간 계속된 그 '금융화'는 극소수 부유층에 부가 집중되는 극심한 경제적 불평등화로 귀결되고, 정치는 거의 전적으로 부유층의 이익에 봉사하는 도구로 변질돼버렸다.

그러나 경제성장 시대의 종언은 지구의 생물물리학적 조건으로 볼 때도 이제 확실해졌다. 순환적인 원리로 돌아가는 생태계에서 직선적인 무한성장의 추구는 언젠가는 한계에 봉착하기 마련이기 때문이다. 그중에서도 현대문명의 핵심적인 기반인 석유자원은 결정적이라고 할 수 있다. 오늘날 경제학은 가격과 돈의 흐름이라는 측면에서 경제 현상을 설명하지만, 기본적으로 경제는 물질과 에너지의 흐름이다. 이 사실을 명확히 할 때, 지금 나날이 고갈되고 있는 석유 문제는 결정적인 성장 저해 요인이라고 할 수 있다.

근년에 들어 《자본주의는 어떻게 종말을 고하는가》(2016)라는 책의 저자 볼프강 슈트리크를 비롯하여 점점 많은 정치경제학자들도 자본주의의 종말을 단언하기 시작했다. 그들의 우려는 자본주의에 대한 대안적인 시스템이 보이지 않는다는 점이다. 슈트리크는 고대 로마가 망하고 중세체제가 성립하기까지 400년이라는 긴 시간이 걸렸듯이 자본주의에 대한 대안체제가 수립되기까지 인류는 긴 '공백기간'의 혼돈과 시련과 고통을 겪을지도 모른다고 말한다. 여기서 많은 학자·지식인들이 공통적으로 강조하는 게 있다. 그것은 경제적 불평등이 심화되고 사회가 혼돈에 빠질수록, 그리하여 (최근 작고한 사회사상가 지그문트 바우만의 표현처럼) 대다수 사람들이 "지뢰밭"에서 살지 않을 수 없는 절망적인 상황을 조금이라도 개선하려면 민주주의를 강화하는 것밖에 길이 없다는 것이다.

트럼프는 취임하자마자 행동에 들어갈 태세이다. 그는 국무장관으로 엑손모빌의 최고경영자를 선택함으로써 임박한 환경위기는 완전히 무시하고 화석연료 자원을 거침없이 개발하여 '번영'을 회복하겠다는 이기적 욕망을 노골적으로 드러냈다. 이 점에서 트럼프의 국가운영은 종래의 미국 주류 정치의 방식과 하등 다를 게 없다. 트럼프의 등장으로 미국이 종전과 다른 낯선 미국이 될 거라는 예측은 근거 없는 것으로 보인다. 다만 지금 확실한 것은, 경제성장이 끝난 엄연한 시대상황을 망각하고 '위대한 미국'을 강조하는 트럼프의 어리석음 때문에 온 세계가 더욱 넓고 깊은 '지뢰밭'이 될 공산이 커졌다는 점이다. (한겨레, 2017-1-27)

미국과 한국의 다른 선택

우려했던 대로 트럼프의 난폭한 통치가 시작되었다. 트럼프는 백악관으로 들어가자마자 뜸도 들이지 않고 곧장 이슬람 7개국 국민의 미국 입국을 거부하는 행정명령을 발동시켰다. 하지만 이 반문명적인 (혹은 심지어 반인류적이라고 해야 할) 조치는 곧 미국의 한 연방법원이 위헌적이라는 결정을 내림으로써 당분간 집행이 보류되었다.

그럼에도 트럼프의 공격적인 행동은 거침이 없다. 그는 자신의 행정명령을 비판하는 목소리에 아랑곳하지 않고, 자기는 선거운동 중 공약한 것을 실천할 뿐이라고 큰소리치고 있다.

그리하여 멕시코와의 국경에 견고한 장벽을 설치하고, 오바마 정부에 의해서 중단되었던 대규모 송유관 건설의 재개 등등, 기습적인 조치들을 주저없이 감행하고 있다.

의회의 동의도 받지 않고, 모든 민주주의적 상식을 무시하면서 밀어붙이는 트럼프의 이 난폭한 행보 때문에 미국뿐만 아니라 온 세계의 양식있는 사람들이 지금 기막혀 하고, 분노하고 있다. 대통령으로 선출되었다고 하지만, 따지고 보면 전체 유권자 중 겨우 25퍼센트의 지지를 받았을 뿐인데도 트럼프는 자신의 취약한 정치적 기반을 돌아보지도 않고 폭군적 통치방식을 수정할 생각이 전혀 없다는 태도를 보여주고 있다. 그 결과, 취임한 지 한 달 만에 벌써 '탄핵' 이야기가 나오고, 실제로 미국인들의 거의 절반이 탄핵에 찬성한다는 여론조사 결과가 나오는 등, 실로 지금 미국은 아수라장이다.

그러나 냉정히 말하면, 당분간 트럼프가 탄핵당할 가능성은 거의 없어 보인다. 트럼프는 자신이 끊임없이 내세워온 '미국 제일주의'를 실행하기 위한 현실적 조치로, 미국에 불리하다고 생각되는 자유무역협정들을 수정하거나 폐기할 태세이고, 해외로 이전했던 미국의 공장들의 본토 회귀를 강력히 종용하고, 외국 기업들이 미국에 중점적으로 투자할 것을 거의 협박조로 요구하고 있다. 그리고 일부 세계적 기업들은 트럼프의 요구를 따르기로 약속했다고 보도되고 있다. 이렇게 되면, 지난 수십 년간 '세계화 경제'의 흐름 속에서 생산기지들이 값싼 노동력을 찾아 해외로 빠져나감으로써 일자리를 잃었던 수많은 중하층 미국 시민들에게 당연히 많은 새로운 일자리가 생겨날 수 있다. 게다가 트럼프는 지구사회의 가장 긴급한 현안, 즉 기후변화는 중국이 미국과 같은 '선진국'의 발목을 잡기 위해서 꾸며낸 음모적 허구라고 생각하는 사람이다. 그러니까 화석연료의 대규모 개발과 사용에 거리낌이 있을 수 없다. 노스다코타주의 오래된 인디언 부족의 땅을 오염시킬 가능성이 높은 대규모 송유관 설치 공사의 재개를 백악관에 들어가자마자 승인한 것은 그 때문이다.

정책의 옳고 그름을 떠나서, 그리고 다른 나라들이야 어떻게 되든, 미국인들에게, 특히 그동안 정치권력이 거들떠보지도 않던 하층민들에게 일자리를 제공하고 (결국은 지속 불가능하다 해도) 그들의 생활수준을 높여준다면, 그리고 그게 트럼프의 공적이라고 생각하는 사람이 다수가 된다면, 어떻게 될까? 트럼프는 탄핵을 당하기는커녕 그의 위세가 어쩌면 하늘을 찌를지도 모른다.

그런데 따져보면, 유례없이 언행이 거칠기는 하지만, 트럼프가 추진하려는 것은 본질적으로 역대 미국의 주류 정치가들이 해왔던 것과 본질적으로 다른 게 아니다. 멕시코와의 국경에 장벽을 쌓는 문제도 그렇다. 이미 1992년 북미자유무역협정(NAFTA) 체결 당시 클린턴 정부는 국경을 막기 위한 철조망을 설치했다. 클린턴은 '협정'이 발효되면 큰 타격을 입는 멕시코 농민들과 하층민들이 미국 땅으로 몰려올 것을 예견했던 것이다. 그러니까 지금 트럼프가 하려는 것은 그러한 차단조치를 더욱 강화하겠다는 것이다.

기후변화 문제도 마찬가지다. 실제로 역대 미국정부는 어느 정권이든 국제사회에 책임감을 느끼기는커녕 기후변화를 막으려는 세계인들의 노력에 늘 찬물을 끼얹어왔다. 그러다가 오바마 정부가 2015년 파리기후협정에 동참을 했으나, 미국이 약속대로 협정을 이행할지는 의문이었다. 그 상황에서 기후변화 자체를 부정하는 트럼프가 등장한 것이다. 요컨대, 트럼프는 전혀 새로운 것을 하려는 게 아니라 종래에 미국정부가 하던 것을 노골적인 방식으로 거침없이 행하여 다시 "미국을 위대하게" 만들려는 것이다.

지금 세계의 언론들은 트럼프의 등장으로 미국이 파쇼국가로 되면서 세계를 나락으로 빠뜨릴지 모른다는 두려움을 퍼뜨리고 있다. 아닌 게 아니라, 트럼프의 언행은 차마 볼 수 없을만큼 문명사회의 기본규칙을 무시하고, 반지성주의로 일관하고 있다. 그리고 무엇보다 트럼프와 함께 "탈진실(post-truth) 시대의 정치"라는 말이 갑자기 유행하기 시작했다. '탈진실의 정치'란 거짓말이 정치를 지배하고 있다는 뜻이지만, 그러나 정치가 거짓말로 오염되지 않은 때가 있었는가? 어쩌면 트럼프는 오랫동안 정치의 세계를 가리고 있던 위선적인 가면을 벗어던지고 있을 뿐이라고 할 수 있다.

그러나 생각해보면, 위선을 필요로 하는 정치와 위선을 벗어버린 정치 사이에는 무시할 수 없는 중요한 차이가 있다. 그 차이는 '거짓말'과 '탈진실'이 다른 것만큼 다르다고 할 수 있다. '거짓말'의 경우는 말하는 사람이 내심으로는 가책을 느끼지만, '탈진실'의 경우는 거짓말을 하면서도 전혀 개의치 않는다는 차이가 있다. 그러니까 니체식으로 말한다면, 사물은 해석하기 나름이고, 진실은 오직 '힘'이 만들어낸다는 생각이 '탈진실' 시대의 정치 원리인 셈이다. 이것을 달리 말하면, 오늘날 미국을 비롯하여 세계의 정치는 니힐리즘에 지배되어 있다는 얘기가 된다.

지금까지 나는 미국 얘기를 했지만, 물론 한국도 여기에서 예외가 아니다. 우리는 참으로 지겹도록 오랫동안 거짓말이 난무하는 언어공간 속에서 살아왔고, 그 과정에서 우리의 삶은 근원적으로 일그러지고, 흉물스러워졌다. 그럼에도 우리에게는 꺾이지 않는 정신이 살아있었다는 것을 지금 우리는 경이롭게 확인하고 있다. 미국인들이 (선거제도의 결함 탓도 있지만) 시대착오적인 파쇼적 정치지배를 선택한 것과 반대로, 우리는 주말마다 대규모로 촛불을 들고 민주주의만이 활로라는 '진리'를 세계를 향해 발신하고 있기 때문이다. (경향신문, 2017-2-16)

'시민권력'을 어떻게 승화시킬 것인가

결국은 탄핵이 될 것임을 별로 의심하지 않았지만, 막상 이

정미 재판관이 "그러나 (세월호 사태가) 참혹한 것이긴 하나 탄핵 사유까지는 안된다"고 말하는 대목에 이르러 갑자기 불안해졌다. 하지만 잠시 후, 이 역사적인 판결의 결론은 "피청구인(대통령)의 파면"이었다. 너무나 오랫동안 몰상식이 활개 치는 사회에서 살아온 탓일까. 생각하면 매우 당연한 결론인데도 이 결론을 듣자 나는 눈물이 날 만큼 크나큰 해방감을 느꼈다.

지난 몇달 동안 주말마다 촛불을 들고 열심히 광장으로 나갔던 사람들, 그리고 몸은 못 나갔어도 마음만은 촛불을 든 사람들과 함께 있었던 수많은 한국인들이 느낀 감정도 기본적으로는 같았을 것이다. 우리는 무책임하고 개념 없는 대통령 하나를 끌어내리는 데 성공했기 때문이 아니라, 우리의 삶을 오랫동안 옥죄어온 거짓과 위선, 불의와 부패의 사슬들을 걷어내고 이제는 인간답게, 정말로 '자유로운 인간'으로 살 수 있는 가능성이 열렸다는 것 때문에 이토록 기쁨을 느끼는 게 아닌가?

더욱이 헌법재판소의 결론은 기대 이상으로 명쾌했다. 즉, 피청구인을 파면하는 핵심적인 사유는 그가 헌법을 위배했을 뿐만 아니라 (이 나라 최고위 공직자로서) 헌법을 수호하려는 의지를 보여주지 않았기 때문이라는 것이다.

학자들에 의하면, 나라의 정체(政體)를 '민주공화국'으로 천명하고 헌법 제1조에 명기하고 있는 우리의 헌법은 세계적으로 유례가 없는 헌법이다. 1948년의 제헌헌법 이후 여러 차례 개정되었지만, 대한민국 헌법 제1조 1항인 "대한민국은 민주공화국이다"만은 지금까지 변함없이 보존돼왔다. 그런 점에서 제1조야말로 우리 헌법의 핵심인 셈이다.

그런데 민주공화국임을 천명한 이 헌법은 (무지한 젊은 시절의 내가 생각했듯이) 해방 후 몇몇 전문가들이 외국의 헌법을 베껴서 급조한 게 결코 아니었다. 그것은 현행 헌법에 명시된 대로 상해임시정부가 작성한 헌법에 뿌리를 둔 것이었다. 그런데 그 임시정부의 헌법 정신은 또한 1919년의 독립만세운동, 그리고 더 거슬러 올라가 1894년 동학농민혁명 당시의 민족운동 지도자들이 품었던 이상과 비전을 계승한 것이었다.

예를 들어, 동학농민항쟁을 이끈 전봉준 장군이 체포되어 재판받을 때 관헌과 주고받은 문답 속에 이런 말이 있었다. "그대가 경성으로 쳐들어온 뒤 누구를 추대할 작정이었나?" "일본군을 물리치고 간악한 관리들을 몰아내어 임금 곁을 깨끗이 한 뒤 주춧돌처럼 믿음직한 선비들을 내세워 정치를 맡게 하고 나는 시골로 돌아가 농사를 계속할 생각이었다. 그러나 국사를 한 사람의 세력가에게 맡기는 것은 위험한 일이기에 여러 사람들이 협의하고 화합하는 합의법에 따라 정치를 담당하게 할 생각이었다"(〈도쿄아사히신문〉, 1895년 3월 6일자). 요컨대 전봉준 장군이 구상한 것은 공화주의 정치 원리였다(기본적으로 유생이었음에도 전봉준 장군이 공화주의 원리에 기반을 둔 정치체제를 구상했던 배경에는 만민평등을 기본이념으로 하는 동학사상이 있었다).

공화주의 원리란, 간단히 말하면, 국가가 특정 개인이나 그룹의 사유물이 아니라 구성원 전체가 평등한 자격으로 고르게 지분을 나눠 갖는 공유재산(commonwealth)이라는 전제 위에서 있는 정치 원리이다. 우리들 중에는 이러한 정치사상이 해방 후 이 땅을 점령 통치하기 시작했던 미국에 의해 '선물'로 주어진 것이라고 오해하는 사람들이 아직도 꽤 있다. 하지만 그 오해는 역사에 대한 완전한 무지의 소산이라고 할 수 있다. 실제로, 좀더 깊이 역사를 들여다보면, 공화주의(혹은 민주주의)의 원리는 가시적이든 불가시적이든 늘 (세계의 어떤 지역, 어떤 민족에 못지않게) 한반도 주민들의 의식과 욕망을 근원적으로 지배해온 토착적인 생활윤리였다. 그러므로 공화주의의 첫째 원칙, 즉 평등주의 사상에 대해서 사람들은 언제나 매우 민감했고, 그리하여 사람들이 가장 큰 불행을 느끼는 것은 평등한 세상에 대한 꿈과 욕망이 현실 속에서 계속해서 좌절될 때였다. 오늘날 한국의 젊은이들이 '헬조선'에서의 삶이 절망적이라고 느끼는 가장 큰 요인이 무엇일까? 아마도 절대적인 빈곤 때문이 아닐 것이다. 갈수록 경제적 불평등과 사회적 격차가 심화되는 상황에, 또한 이것을 개선하는 데 필요한 국가의 공공성이 제대로 작동하지 않는 현실에 아득한 절망을 느끼기 때문일 것이다.

그런 점에서, 헌재의 이번 결정은 누구보다 이 나라의 젊은이들을 위한 복음이라고 할 수 있다. 그 결정으로 인해 그동안 사실상 사문화되었던 헌법 제1조, 즉 민주적 공화주의의 원칙이 다시 국가운영과 정치의 중심 원리가 되어야 한다는 사실이 확고히 확인되었기 때문이다.

흥미롭게도, 수많은 시민들이 광장으로 나와 촛불을 들고 가장 큰 목소리로 끊임없이 외친 구호도 "대한민국은 민주공화국이다"와 "대한민국의 주권은 국민에게 있다"였다. 실제로 우리 헌법 제1조는 이번 시민혁명에서 사람들이 사용한 유일하고 강력한 무기였다. 시민들의 요구는 단순했다. 이 나라를 지배하는 자들에게 헌법을 지키라고 한 것이다. 그리고 헌재는 이 지극히 온당한 요구를 헌법적 판단이라는 형식으로 받아들였을 뿐이다.

헌재가 헌법을 지키기를 요구하는 시민들의 뜻에 맞는 결론을 내린 것은 매우 상식적인 판단이었다. 그런데도 우리가 이토록 흥분하고 세계도 놀라는 까닭은 무엇인가? 그것은 말할 것도 없이 (따져보면 헌재까지 포함하는) 이 나라의 기득권세력의 철옹성 같은 지배구조에 큰 균열이 생겼고, 그럼으로써 우리에게 새로운 삶의 가능성이 열렸기 때문이다.

그러나 물론 사람들이 구호만 외친다고 이렇게 된 게 아니다. 무엇보다 우리들 다수가 '공적 개인'이 되어 수많은 이웃들과 함께 능동적으로 행동함으로써 그 누구도 거역할 수 없는 '시민권력'을 발휘했기 때문이다. 이제 문제는 모처럼 발휘된 이 시민권력을 어떻게 승화시킬 것인가 하는 것이다. 일차적 목적은 달성했으니, 기존의 실패한 대의제 정당정치를 그대로 방치한 채 우리는 물러나야 할 것인가? 파면당한 대통령과 공범임이 틀림없는 국회에, 그리고 이 역사적 순간에 대연정이니 화해니 타협을 운위하는 나약한 자들에게 모든 것을 맡기고? (경향신문, 2017-3-16)

시민권력과 시민의회

생각하면, 참으로 감격스럽다. 120년 전 동학농민항쟁이 부패한 지배층의 퇴영적 행태와 외세의 개입으로 처참하게 패퇴한 이래 이 땅의 민초들은 늘 노예적이거나 굴종적인 삶을 강요당해왔다. 물론 잠복된 형태로 면면히 흘러온 저항정신이 분출할 때마다 우리의 하늘은 더러 맑아지기도 했으나 이내 먹구름으로 뒤덮이기 일쑤였다. 4·19가 그랬고, 5·18항쟁도 그랬다. 심지어 87년 6월항쟁에 의한 민주화의 쟁취도 반동세력의 재등장을 돕는 방향으로 정리돼버렸다. 그리하여 그것은 궁극적으로 이명박, 박근혜 정권 시기를 거치는 동안 굳어진 '헬조선'의 주요 원인이 되었다.

그런데 이번에는 어쩐지 '실패'로 끝나지는 않을 것이라는 낙관적인 정서가 꽤 있는 듯하다. 이것은 아마도 철저히 평화적인 방법으로 거둔 승리의 경험에서 오는 자신감 때문일 것이다. 유모차를 끌고 나온 젊은 부모들, 시골에서 상경한 늙은 농부, 책가방 대신 촛불을 들고 달려온 어린 학생 등등, 지금까지 전혀 데모라는 것을 해보지 않았던 허다한 사람들을 포함한 모든 참가자들이 한목소리로 '민주주의'를 외칠 때, 그 누구도 항거할 수 없는 '권력'이 생겨나는 것을 사람들은 똑똑히 경험한 것이다. 이 권력은 민중 위에 군림하는 국가기관이 행사하는 폭력적인 강제력이 아니라, 평등한 자격으로 모인 사회 구성원들의 민주적 열망이 만들어낸 '시민권력'이었다. 우리는 지난 몇달 동안 이 시민권력이 어떻게 탄생하고, 그것이 어떤 위력을 발휘하는지 극명히 보고, 느꼈다. 우물쭈물하던 국회가 탄핵소추안을 통과시키고, 검찰이 모처럼 밥값을 하고, 경찰이 평소와 달리 시위대에 고분고분해지고, 그리고 (본질적으로 기득권세력의 일부인) 헌법재판소가 전원일치로 대통령의 파면이라는 역사적 결정을 내리게 된 것도 결국 막강한 시민권력 때문이었음은 말할 필요가 없다.

그런 의미에서 2016~2017년의 촛불혁명의 가장 큰 의의는 대통령을 파면시켰다는 게 아니라, 이 나라의 보통사람들이 시민권력이라는 게 무엇인지 깊이 깨닫게 되었다는 점일 것이다. 우리들 다수는 각자 모래알처럼 흩어져 자신 속에 갇혀 있기를 그만두고, 광장으로 나와 저마다 '공적 개인'이 되어 다른 사람들과 함께 어깨를 나란히 하여 행동할 때, 국가의 억압적 메커니즘이 무력화되고, 보다 인간적인 나라를 만들 수 있는 가능성이 열리는 것을 발견했다. 그뿐만 아니라 우리는 이 과정에서 가장 차원 높은 행복, 즉 '정치적 행동'에 능동적으로 참여함으로써만 도달 가능한 '공적 행복'을 누릴 수 있었다.

집단적 정치행동에서 성공을 거두는 것은 매우 소중한 경험이라고 할 수 있다. 왜냐하면 그 성공을 통해 사람들이 행복감뿐만 아니라 자신감을 갖고, 자신들의 미래를 낙관적으로 보는 능력을 기를 수 있기 때문이다. 이런 뜻에서도 이번의 촛불혁명은 정말로 위대하고, 아름다운 경험이었다.

그런데 대통령의 탄핵이라는 일차적인 목적이 달성된 지금, 이 촛불혁명을 어떻게 승화시킬지, 전망은 안갯속이다. 대선이 코앞으로 다가온 시점에서 이른바 대선주자들은 각자 자신이 잘났고, 경쟁자들은 못난 사람이라고 주장하는 것 외에는 어떠한 이상도 비전도 보여주지 않은 채 아까운 시간을 허비하고 있다. 그런가 하면, 언론들은 뉴스(상품)을 찾기에 혈안이 되어 사소한 가십거리를 열심히 침소봉대하면서 때때로 대선주자들이 정책경쟁 대신에 상대방 흠집 내기만 하고 있다고 상투적인 비난을 퍼붓고 있다. 다른 한편, 현학적인 학자·지식인들은 이제는 시민들이 주도하는 광장정치에서 제도권 정당정치로 돌아가야 한다고 점잖게 충고하고 있다.

제도권 정치, 즉 대의제 정당 민주주의가 제대로 작동을 하였다면, 대통령 탄핵이라는 미증유의 사태 자체가 발생하지 않았을 터인데, 이제 모든 것을 제도권 정치에 맡기자는 것은 무슨 말인가? 이해하기 어려운 말이라고 하지 않을 수 없다. 나는 양심적인 지식인들이 지금 해야 할 일은 기존의 정당정치, 대의제 민주주의의 파탄을 명확히 선언하고, 그 원인이 무엇인지를 면밀히 진단·분석하고, 그 위에서 이제는 근본적으로 새로운 대안을 강구하는 것이라고 생각한다. 새로운 대안이란 다른 게 아니다. 촛불혁명에서 발휘된 '시민권력'을 어떻게 살리고, 민주주의의 영속화를 보장하는 방법으로 그것을 어떻게 제도화할 것인지 방안을 찾아내는 것이다.

다른 사람은 모르지만, 적어도 내게는 지금 일부 지식인들 사이에 제안되고 있는 '시민의회'라는 아이디어야말로 '시민권력'의 지속성을 담보하는 제도로서 우리가 구상할 수 있는 가장 현실적이고, 설득력 있는 대안으로 보인다. 여기서 말하는 '시민의회'란 기존의 국회와 별개로 존재하는—선거가 아니라 추첨에 의해 뽑힌 시민대표들로 구성되는—말하자면 입법부, 행정부, 사법부 외의 제4부라고 할 수 있다. 4년 임기 내내 다음 선거에서 이기는 것 말고는 아무 관심이 없는 사람들이 모여 있는 현재의 무의미한 국회는, 원칙적으로는, 폐지하는 게 옳다고 할 수 있다. 하지만 국회의 폐지도 결국은 현 국회가 결정해야 하는 문제인 이상, 그것은 현실적으로 불가능하다고 하지 않을 수 없다. 따라서 타협적으로 현행 국회는 그대로 두고, 그 국회와 정부가 하는 일을 감시·통제·평가하는 권한을 가진 시민의회를 따로 설계하자는 것이다.

선거라는 것은 백번 해 봤자 명망가나 재산가 등 기득권세력이 언제나 국가권력을 독과점하게 되어 있다. 그러므로 진정으로 평범한 시민들을 고르게 대변하려면 그 의회는 무작위 추첨으로 뽑힌 시민대표들로 구성되지 않으면 안된다. 무작위로 뽑혔기 때문에 어떠한 이익집단들로부터도 자유로운 수백 명의 평범한 시민들이, 예컨대 헌법이나 선거법 개정, 사드 배치, 남북문제, 탈핵, 4대강 문제 등 국가의 중대한 현안에 대해 전문가들의 도움을 받으며 활발한 토의와 충분한 숙의를 통해서 결론을 내리는 시스템, 이것이 시민의회이다(혹시 모를 시민의회의 부패와 특권화를 막는 방법은 간단하다. 임기는 길어야 1년으로 하며, 임기 후 개개 의원에 대해 엄격한 평가를 하여 책임을 묻고, 또한 임기 동안 시민의회 멤버들에게는 생활비를 지급한다 등등).

추첨으로 뽑힌 시민대표들이 의회를 구성하여 국사를 논하고, 국가기관을 통제한다는 것은 많은 사람들에게는 아직 생소한 아이디어일지 모른다. 하지만 깊이 들여다볼수록 민주주의를 제대로 하자면 이 방법이 최선이라는 생각을 하지 않을 수 없다. 왜냐하면 민주주의란 근본적으로 민중이, 엘리트들에게 통치를 위임하는 게 아니라, 스스로를 다스리는 정치제도이기 때문이다. 시민의회는 고대 아테네 민주주의를 모방한 것이면서 동시에 아테네 민주주의의 결함, 즉 숙의의 결여를 보완한 것으로 현대사회에서 얼마든지 실천할 수 있는 새로운 제도라고 할 수 있다.

우리는 선거 때마다 탁월한 지도자의 출현을 기대하고, 결국은 실망하여 차악을 선택하지 않으면 안되는 딜레마에 늘 빠진다. 그 결과 지금은 서구식 '자유민주주의'의 종언이 설득력 있게 들리는 상황이 되었다. 하지만 원래 민주주의란 지도자 개인의 능력에 의존하는 제도가 아니다. 그것은 잘났든 못

났든 민초들 자신이 공적 공간에서의 자유롭고 평등한 대화를 통해서 최선의 집단적 지혜를 얻는 방식이다. 엄밀히 말하면, 민주주의에서는 사회자가 필요할 뿐, 지도자란 필요 없는 존재이다. 추위를 무릅쓰고 우리가 몇달 동안 광장으로 나간 것은 단지 '지도자' 하나를 바꾸기 위해서가 아니었다. (한겨레, 2017-3-24)

새 정부의 성공을 위하여

새 정권이 탄생했다. 이 정권은 그냥 주기적인 선거가 아니라 매서운 추위를 무릅쓰고 촛불로 어둠을 밝히며 "대한민국은 민주공화국"이라고 절규했던 시민들의 궐기로 세워졌다. 그러므로 문재인 정권은 지금 승리에 취해 있을 때가 아니다. 그들은 촛불을 들었던 시민들의 압도적인 민주적 열망을 어떻게 국가운영에 반영할지 깊게 고뇌하지 않으면 안된다.

이것은 그냥 하는 말이 아니다. 우리 자신이 만약 새 정부의 요직을 맡았다고 가정할 때, 산적한 난제를 어떻게 풀지 엄두가 날까? 군사정권이나 역대의 퇴영적 정권이라면 매우 손쉬운 방법이 있었다. 즉 시민들의 다양한 요구를 폭력으로 제압해버리는 것이다. 하지만 '촛불'의 힘으로 출범한 '민주정부'가 그런 비열한 통치방식에 의존할 수는 없는 노릇이다.

어쨌든 현명한 방책을 찾아내지 않으면 안된다. 왜냐하면 이것은 단지 문재인 정권의 성공뿐만 아니라 우리들 모두, 특히 오늘의 청년세대와 아이들이 '헬조선'에서 벗어날 수 있느냐 없느냐가 걸려 있는 문제이기 때문이다. 실제로 '헬조선'은 적어도 100년 이상의 해묵은 비리와 부조리가 누적된 결과라고 한다면, 단숨에 개혁 혹은 격파될 수 있는 게 아니다. 하지만 최근의 정치권과 언론에서 왜 '협치'니 '통합'이니 하는 말들이 난무하는지 잘 생각해볼 필요가 있다. 이런 용어를 쓰는 사람들의 논리는 일견 합리적이다. 현재의 국회 구성상 새 정권은 어차피 야당들의 협조 없이는 법안 하나도 통과시킬 수 없으므로 타협을 해야 하고, 그럴 바에는 '공동정부'를 구성하여 '국민통합'을 이뤄야 한다는 것이다. 하지만 이 그럴싸한 논리의 배후에는 다분히 정략적인 계산이 깔려 있음을 간과해선 안된다. 돌이켜보면, 선례도 없지 않다. 1979년 10월 독재자 박정희가 암살된 직후 당시의 기득권층 인사들이 강조하던 게 바로 '국민통합'과 '타협'이었다. 그러니까 시대를 넘어서 그들이 '통합'과 '협력'을 역설하는 것은 결국 자신들의 비행이나 역사적 과오를 문제 삼지 말아달라는 요구라고 할 수 있다. 물론 문재인 정권이 이 사실을 모를 리 없다. 그렇지만 난국을 헤쳐 나가려면 어쩔 수 없다면서 이 나라를 '헬조선'으로 만들어온 장본인들과 끝내 손잡을 가능성도 없지 않다. 그리하여 필경은, 노무현 정권이 그랬듯이, 좋은 의도가 엉뚱한 결과로 이어지는 정치적 실패를 자초하게 될지 모른다.

지금 선거 결과를 분석하면서 특히 주류 (사이비) 언론들은 세대 간의 갈등을 유난히 강조하고 있다. 그러나 오늘날 온갖 사회적 비극과 부조리는 근본적으로 부의 편중, 극심한 경제적 불평등에서 기인한다는 엄연한 사실을 우리가 잊어서는 안 된다. 실제로 지금 우리가 겪고 있는 거의 모든 사회적, 환경적, 실존적 재난의 근원을 들여다보면 거기에는 합리적 정치의 부재, 즉 공공성을 상실하고 극소수 기득권층의 사익을 돕는 수단으로 타락해버린 국가권력의 오용 내지 남용이라는 문제가 있음을 어렵지 않게 알 수 있다. 그러므로 지금 우리에게는 정치다운 정치의 회복, 즉 민주정치의 실천만큼 더 긴급한 일은 없다고 할 수 있지만, 중요한 것은 경제민주화를 동반하지 않는 민주정치란 어불성설이라는 사실이다.

하기는 '헬조선'뿐 아니라 언제 어디서나 인간사회의 핵심 문제는 소득과 재산을 둘러싼 갈등과 대립이었다. 완전한 경제적 평등이라는 것은 물론 비현실적인 몽상이다. 하지만 경제적 불평등이 극심할 때, 사회 구성원 다수에게 '자유로운 삶'이 허용될 리는 없다. 나아가 그 사회는 국가폭력 없이는 하루도 유지될 수 없는 야만적인 사회로 전락하지 않을 수 없다. 그 결과는 부자든 빈자든 공멸을 면할 수 없는 파국임을 역사는 명확히 가르쳐주고 있다. 그럼에도 부유층이나 기득권 세력은 결코 양보를 하려 하지 않는다.

이 점을 가장 예리하게 지적한 사상가가 《로마사 논고》의 저자 마키아벨리이다. 공화주의자 마키아벨리는 공화정이야말로 다수 인민의 자유로운 삶을 보장하는 유일한 체제라고 말한다. 그런데 공화정의 최대 걸림돌은 부의 균점을 완강히 거부하는 부유층의 탐욕이다. 마키아벨리는 부의 과도한 격차는 필연적으로 정치적 영향력의 격차를 가져오고, 그리 되면 귀족과 평민의 평등한 참정권을 전제로 하는 공화정은 존속 불가능하다는 점을 강조한다. 그러나 마키아벨리는 부의 완전한 균등화나 사유재산제의 폐지를 원하지 않는다. 그가 문제 삼는 것은 지나친 경제적 격차, 그로 인한 권력의 독점과 공권력의 오용이다. 그리하여 그는 비교적 안정된 공화주의체제 속에서 평민들이 자유롭게 살았던 역사적 선례의 하나로 게르만족의 공동체를 언급하며, 그 공동체에서는 만약 부자들이 위세를 부리면 "그냥 죽여버렸다"고 말한다.

정의를 위해 인간을 살해하는 것은 오늘의 상황에서 용인될 수 없다. 그러나 마키아벨리의 이야기는 '평민들의 자유로운 삶'을 지키기 위해서는 매우 단호한 태도가 필요하다는 뜻이다. 그런 단호함을 문재인 정권에 기대할 수 있을까?

결국 중요한 것은 지혜와 용기이다. 자신들이 어떻게 집권하게 되었는지, 가장 귀를 열고 응답해야 할 상대가 직업정치인도 기득권층도 아니고 어디까지나 평범한 시민들이라는 것을 늘 잊지 않는다면, 길은 뜻밖에 쉽게 열릴지 모른다. 당장 새 정부가 대응해야 할 사드 배치 문제도 예외가 아니다. 국민과 의논도, 국민의 동의도 없이 날치기로 진행되고 있는 게 이 문제의 본질임을 명확히 인식한다면 해결책은 찾을 수 있다.

즉 사드 문제를 대통령의 '고독한 결단'으로 해결한다는 생각을 버리고 국민들의 뜻을 직접 물으면 되는 것이다. 예컨대 무작위로 선출된 시민들로 구성된 회의체를 만들어 거기서 치열한 논쟁과 숙의를 거쳐 내린 결정을 가지고 미국이든 중국이든 상대방에 떳떳하게 설명하면 될 게 아닌가? 한국은 민주공화국이기 때문에 대통령 맘대로 국가 중대사를 결정하는 나라가 아니라는 '친절한' 부연 설명을 곁들여서 말이다. (경향신문, 2017-5-11)

'민주정부'의 기분 좋은 출발

선거 직전까지도 이런 글을 쓰게 될 줄 몰랐다. 지난 일주일 남짓 우리는 참으로 오랜만에 기분 좋은 나날을 보내고 있다. 물론 이것은 새 대통령이 취임 직후부터 지금까지 일관되게 보여주고 있는 자신을 낮추는 진솔한 자세 덕분이다.

그의 행보는 그 자신이 왜, 어떻게 대통령이 되었는지를 잘 알고 있고, 따라서 자신의 임무는 무엇보다 '촛불민심'을 받드는 데 있다는 것을 정확히 이해하고 있는 사람의 모습이다. 예를 들어, 당선이 확실해지자 한밤중임에도 그는 가장 먼저 광화문 광장으로 가서 '세월호 가족'들을 만났고, 소박하나 위엄 있게 치러진 취임식에서는 간결한 연설을 통해서 자신은 군림하는 권력이 아니라 시민들의 친구가 될 것임을 천명했다. 그리고 다음 날에는 곧장 인천공항으로 가서 비정규직 노동자 1만 명의 신분이 곧 정규직으로 전환될 것임을 공언·약속했다. 그리고 이제부터는 대통령의 집무실을 붉은 카펫이 깔린 폐쇄적인 청와대 본관이 아니라 참모들과 자유로이 어울릴 수 있는 공간으로 옮기고, 그 건물의 명칭도 '위민관'에서 '여민관'으로 변경했다.

대수롭지 않게 보일지 모르지만, 이 명칭 변경에는 국가가 무엇인지, 민주주의가 무엇인지에 대한 새 대통령의 정치철학이 내포돼 있다는 것이 중요하다('위민(爲民)'이나 '여민(與民)'이나 그게 그거 아니냐고 말하는 것은 무지의 소산이다. 유교사상에 입각한 옛 왕조 시절에도 유교 본래의 이념에 충실하려 했던 유림들에게는 임금과 백성의 관계는 상하관계도, 지배와 복종의 관계도 아니었다. 유교정치의 이상은 근본적으로 백성을 위한 정치가 아니라 백성과 함께하는 정치였다. 그러므로 왕조 시절도 아닌 오늘날 '위민'을 운위하고, 그것을 언론도 군말 없이 수긍해왔다는 것은 그동안 이 나라가 얼마나 몰상식한 자들에 의해 지배돼왔는지를 단적으로 알려주는 증표가 된다고 할 수 있다).

이와 같은 대통령의 행보에 대해서, 그게 결국은 정권 출범기의 일시적인 현상, 즉 작위적인 연출일지도 모른다고 의심하는 사람들도 있을 것이다. 설령 그렇다 해도 좋다, 라고 나는 말하고 싶다. 왜냐하면 국가운영의 최고 책임자가 자신이 어떻게 행동하면 대다수 시민들한테 진정으로 환영받을 것인가를 알고 그에 따라 행동한다는 것은, 그동안의 우리 경험으로는, 결코 쉬운 일이 아니기 때문이다.

무엇보다도 인간은 대체로 권력에 한없이 약한 법이다. 권력에 약하다는 것은 두 가지 의미에서이다. 첫째는 권력을 가진 자 앞에서 비굴해지거나 적어도 온순해진다는 것이다. 둘째, 권력 앞에서의 이러한 굴종적인 자세를 뒤집어보면, 거기에는 자신이 권력자가 되고자 하는 강력한 욕망이 도사리고 있다. 그리하여 인간은 자기가 권력자가 되면 남들 위에 군림하고 싶어지고, 나아가서는 그러한 권력을 계속해서 누리고 싶은 유혹을 뿌리치기 어려워지는 것이다. 권력욕망은 사실 너무나 뿌리가 깊은, 보편적인 인간 현상이라고 할 수 있다. 자신은 그렇지 않다고, 예외적이라고 주장할 수 있는 인간이 우리들 중 과연 몇이나 될까?

나는 문재인이라는 개인에 대해서 아는 바가 거의 없다. 따라서 그가 지금 공적인 공간에서 보여주는 '겸손한' 모습이 그의 천품 때문인지 혹은 잘 숙고된 의도적인 행동인지 잘 모른다. 그리고 한때 항간에 떠돌던 소문처럼, 원래 그가 소위 '권력의지'가 약한 인간인지 아닌지도 실은 별로 중요하지 않다고 생각한다. 중요한 것은, 그가 결국 '촛불민심'의 결과로 새 정부의 리더가 되었고, 적어도 지금까지는 그의 리더십이 군림하는 리더십이 아니라 '구성원들에게 복종함으로써 (조직을) 이끌어가는' 전형적인 민주적 리더십을 구현하려 하는 것으로 보일 뿐 아니라 아직은 그것을 의심할 만한 흔적이 보이지 않는다는 사실이다.

대통령 문재인의 요 며칠 동안의 모습을 보면서 특히 생각
나는 인물이 있다. 다름 아닌 우루과이의 전 대통령 호세 무히
카이다. 그에 관한 책은 이미 번역되어 나온 게 있고, 2015년
3월 그의 퇴임 전후해서는 세계 언론들의 경쟁적인 취재의 영
향 탓인지 국내의 몇몇 언론들도 그의 비범한 직무 자세와 소
박한 생활스타일을 "세상에서 가장 가난한 대통령"이라는 제
목 밑에서 호들갑스럽게 보도했다. 그리하여 무히카 대통령은
재임 중 자신의 봉급 대부분을 시민운동단체들에 기부하고,
널찍한 대통령궁은 노숙자들의 숙소로 제공하고, 자기 부부는
교외의 오두막에서 개 한 마리를 데리고 살면서 낡은 소형 승
용차를 직접 운전하여 출퇴근을 하고, 공휴일에는 화초를 가
꾸고, 그 오두막으로 손님이 찾아오면 손수 차를 끓여 내놓고
격의 없이 이야기를 나누곤 했다 등등, 대통령으로서는 기이
할 만큼 극히 소탈하게 생활하는 모습을 전했다.

그러나 무히카 대통령 자신의 말대로, 그는 결코 '가난한'
사람이 아니었다. 정확히 말하면, 그는 세계에서 가장 욕심 없
는 대통령이었다. '가난한' 것과 '욕심 없는' 것을 구별하지 못
한다는 것은 현대의 언론들이 얼마나 천박한 정신에 의해 지
배되고 있는가를 보여주는 또하나의 예라고 할 수 있다. 무히
카 대통령이 무욕의 인간임을 알려주는 에피소드는 많지만,
"인간을 타락시키는 원흉은 붉은 카펫"이라는 그의 말은 깊이
음미할 만하다. 그리고 그는 넥타이도 매지 않았다. 평시에는

물론 심지어 유엔총회와 같은 거창한 공식 행사장에서 연설을 할 때도 그랬다. 그는 자유로운 인간이 무엇 때문에 헝겊 조각으로 목을 졸라매고 살아야 하느냐고, 이른바 '지도자의 품격'에 대해 말하는 사람들에게 되물었다.

무히카는 원래 군부독재에 맞선 무장 게릴라 출신이었다. 그 때문에 그는 14년간 감옥에 갇혔고, 그중 7년은 독서도 집필도 금지된 독방에 감금돼 있었다. 그러나 그는 가혹한 감옥 생활을 통해 심신이 붕괴되기는커녕 강인한 정신적 에너지를 얻었고, 그 에너지를 온갖 정치적 반대를 무릅쓰고 가난한 사람들의 운명을 개선하는 헌신적인 투쟁에 사용했다. 대통령 재임 중 간혹 빈민지역을 탐방할 때도, 여느 부르주아 정치가들과는 완전히 대조적으로, 그는 곧장 아무 집이나 자연스럽게 들어가 그 집 아이들이 자신만의 매트리스를 갖고 있는지 알고자 했다.

가난한 이들의 내적 삶을 너무도 잘 이해하고 있는 대통령이기에 우루과이의 평민들은 무히카를 자기들의 진정한 친구로 여겼고, 그 때문에 그는 오히려 퇴임 시에 압도적인 국민적 지지를 받았다. 그래서 어느 외국 기자가 "이렇게 인기가 높은데 정말 대통령 한번 더 하고 싶지 않으냐"라고 짓궂은 질문을 하자 "나는 공화주의자"라는 게 그의 대답이었다. 즉, 국가란 개인의 권력욕망 충족의 도구가 아니라는 것이었다.

민주정치란 기본적으로 가장 약하고 가난한 사람들의 욕구에 민감하게 응답하는 정치이다. 그런 점에서 민주정부의 리

더는 사실 아무나 될 수 있는 게 아니다. 하지만 문재인 정부의 '겸손한' 출발은 일단 이 정부가 민주정부로 불릴 최소한의 자격이 있음을 말해주고 있다. 그러나 이제부터 민주주의를 뿌리로부터 부정하는 수구 기득권세력의 저항에 어떻게 대응할 것인가? 한 가지 확실한 것은, 좌고우면하다가는 실패를 면치 못한다는 점이다. 무엇보다 정부가 국가적 난제를 혼자 혹은 어설픈 정치적 타협을 통해 해결할 생각을 버리고, 평범한 시민들에게 직접 물어보는 게 최선의 길임을 잊지 말아야 한다. 그리고 그 경우, 오늘날 세계적으로 죽어가는 민주주의를 살리는 실효적 방법으로 갈수록 주목받고 있는 '시민의회'를 적극 활용한다면 활로는 의외로 쉽게 열릴지 모른다. (한겨레, 2017-5-19)

원전문제, 누가 결정해야 하나

케케묵은 이야기로 들릴 수 있지만, 워낙 근본적인 문제에 관한 것이어서 다시금 음미하고 싶은 발언이 있다. 그것은 '다시 태어난다면 과학자가 아니라 상인이나 배관공이 되고 싶다'고 한 아인슈타인의 유명한 발언이다. 말할 필요도 없지만, 아인슈타인의 이 말은 그 자신이 원자폭탄이라는 미증유의 대량살상무기가 세상에 출현하는 데 일조를 했다는 무거운 죄책

감의 소산이었다.

　제2차 세계대전의 와중에 아인슈타인이 루스벨트 대통령에게 보낸 편지가 주요 계기가 되어 맨해튼계획이라는 이름으로 미국이 원폭 제조에 돌입한 것은 잘 알려진 사실이다. 물론 그 편지는 히틀러의 세계정복 야욕을 패퇴시켜야 한다는 절박한 시대적 요구에 의한 것이었다. 그러나 실제로 나치 독일은 미국의 원폭이 완성되기 전에 패망했고, 그 몇달 뒤 일본이 항복한 것도 (오늘날 역사가들의 증언에 의하면) 기본적으로는 히로시마와 나가사키에 투하된 원폭 때문이 아니라 소련군에 의한 일본열도 점령이라는 임박한 위협에 대한 극도의 공포감 때문이었다.

　파시즘을 괴멸시키는 데 실효가 있었든 없었든, 핵무기란 인류사회가 절대로 용납해서는 안될 끔찍한 괴물이었다. 따라서 그것은 전쟁이 끝난 뒤에는 마땅히 폐기됐어야 했다. 그럼에도 전후에 열강 간의 가공할 핵무기 개발 경쟁이 격화되었고, 그 상황에서 아인슈타인은 누구보다 고통을 느꼈다. 그리하여 그는 1955년에 철학자 러셀과 함께 핵무기 개발 중지를 호소하는 〈러셀-아인슈타인 선언〉을 발표했던 것인데, 저 '배관공' 이야기는 그런 배경 속에서 나왔던 것이다.

　아인슈타인뿐만이 아니다. 맨해튼계획 이후 현대과학이 타락 일변도로 변질돼온 현실에 절망을 느낀 과학자들은 실제 한둘이 아니다. 그래서 과학자의 길을 아예 포기한 사람이 있는가 하면, 제도권 밖으로 나오거나 혹은 계속 그 안에 머물

되 '평범한 시민들의 불안을 공유하는' 시민과학자로 전신하여 새로운 인생을 시작한 사람들도 있었다. 어떤 경우이든, 그러한 자세는 '결코 건드려서는 안되는 것'을 함부로 건드림으로써 자연과 생명의 질서를 근원적으로 망가뜨려온 현대의 과학기술에 대한 쓰라린 회의, 절망, 깊은 죄의식을 반영한 것이었다.

나는 지금 여기서 아인슈타인이나 비주류 시민과학자들의 입장이 반드시 옳다고 주장하려는 게 아니다. 하지만 최소한의 양식과 정직성을 소유한 과학자라면, 현대과학이 저질러온 '죄'를 부정하는 것은 불가능할 것이다. 그리고 내가 보기에 현대과학의 죄 가운데 가장 중대한 것은 과학자들이 자신의 전문 영역을 넘어 월권을 행사해왔다는 데 있다.

예를 들어, 원자력발전을 생각해보자. 우리가 잘 알다시피 원전의 가장 큰 문제는 그게 보이거나 보이지 않는 무수한 '타자'를 희생시켜야 비로소 성립 가능한 심히 폭력적인 시스템이라는 데 있다. 즉, 중심부 주민들의 풍족한 전기 소비를 위해 변두리 지역 주민들은 대대로 살아온 삶터를 원전이나 송전탑 부지 때문에 뺏겨야 하고, 원전 내부에서 피폭을 무릅쓰고 일하지 않으면 안되는 노동자는 결국 가난한 하층민일 수밖에 없다. 그리고 무엇보다 치명적인 방사성폐기물 처리라는 난제 중의 난제는 아무 죄 없는 미래세대들이 고스란히 떠맡아야 하는 참으로 비윤리적인 문제가 있다. 주의할 것은, 이런 문제들은 전부 원자력공학, 물리학, 화학 등등 전문 분야의 좁은 식견으로는 결코 감당할 수 없는 문제들이라는 점이다.

그럼에도 흔히 원자력 관련 과학자들은 원전문제는 무조건 자기들의 소관 사항이고, 결정권도 자기들에게 있다고 생각하는 경향이 있다. 실제로 원전의 안전성에 관한 문제뿐만 아니라 경제성, 방사능 의료 문제, 심지어 윤리 문제에 관해서도 그들은 마치 최종적 권위자인 것처럼 행세하기를 멈추지 않고 있다.

이와 관련하여 내가 기억하는 흥미로운, 그러나 기괴한 발언이 하나 있다. 후쿠시마 사고 직후 시카고대학의 일본학연구소가 개최한 긴급 심포지엄에서 당시 아르곤국립연구소의 소장이 했던 발언이다. 그 발언의 요지는 후쿠시마 사태 이후 원전 중지를 요구하는 분위기가 고조된 것은 이해하지만, 만약 원전을 중단한다면 원자력 관련 학계의 후속세대가 끊어질 염려가 있으므로 원전은 계속돼야 한다는 것이었다. 결국 그에게는 자신이 속한 학계나 이익공동체의 존속이 중요하지 그보다 넓고 근본적인 세계의 운명은 부차적인 것일 뿐이었다.

지난 6월 말, '촛불혁명'으로 탄생한 정부의 수반답게 대통령이 고리원전 1호기의 영구 정지를 선포하며 '탈핵국가'를 향한 시나리오를 제시한 이후, 관련 학(업)계와 수구언론들은 봇물처럼 반대 목소리를 쏟아내고 있다. 그들은 대통령 일인의 '제왕적' 결단으로 국가 중대사가 결정되어서는 안된다고 역설한다. 물론 옳은 말이다. 하지만 그들은 제왕적 결정을 그만두자는 게 바로 문재인 정부가 내놓은 제안의 핵심이라는 것을 인정하지 않으려 한다. 현재 건설 중인 신고리 원전 5·6호기의 공사를 일시 중단하고, 그 기간 동안 '공론화위원회'를 통해 무작위로 뽑힌 시민배심원단을 구성하여 그 시민배심원단이 숙의와 토의 끝에 최종적 결정을 내리면 그것을 따르겠다는 게 정부의 공표된 입장인데도, 그것은 무시되고 있다.

실제로 시민배심원제는 이미 세계 여러 곳에서 대의민주주의의 결함을 보완하는 실질적인 시민 주체 의사결정 방식, 즉 '숙의민주주의'의 전형적인 모델로 활발히 도입·시행되고 있다. 특히 덴마크는 수십 년 전부터 '시민합의회의'라고, 명칭은 다르지만 결국 같은 방식으로 과학기술 관련 문제를 결정하는 모범을 보여주고 있고, 최근에 몽골에서는 개헌의 주체가 국민이어야 한다는 여론에 따라 개헌도 이 방식으로 하기 위한 절차를 밟고 있는 것으로 전해지고 있다.

그러니까 지금 원자력계가 대통령의 '제왕적' 결정 운운하는 것은 초점이 빗나간 비판이라고 할 수 있다. 그것을 그들도 모를 리 없다. 그러면서도 그들이 완강히 반대 목소리를 내는 것은 실은 국가의 중대사를 '전문가'가 아니라 평범한 시민들이 결정한다는 아이디어를 받아들이지 못하기 때문일 것이다. 실제로 그들을 대변하는 수구언론은 사설을 통해서 더 노골적으로 본심을 드러내고 있다. 즉, "이 심각한 문제는 전문가들의 논의와 검토로 결정"돼야 하지, 지식과 식견이 "턱없이 모자랄 수밖에 없는 시민배심원"에게 맡겨둘 문제가 아니라면서 "중대한 국가 사안을 멋부리듯 다루지 말라"고 건방진 훈계까지 하고 있다(〈조선일보〉, 2017년 6월 28일자). 요컨대 민주주의가 싫다는 것이다.

하기는 이것은 현인(賢人)에 의한 통치를 주장한 플라톤 이래 지배층의 뿌리 깊은 사고습관이기도 하다. 그러나 그들이 잊고 있는 것은, 자신들이 그토록 멸시하고 비웃는 민주주의가 생생히 작동하고 있는 동안 고대 아테네 시민들은 인류사상 최고의 문화와 예술, 그리고 무엇보다 '자유인'의 삶을 향유하고 있었다는 엄연한 사실이다. 스승 소크라테스에게 사형판결을 내렸다고 해서 아테네 민주주의와 민중법정을 저주했던 플라톤도 생애 마지막에는 "만일 누군가가 국가에 대해 부정을 저질렀다면 피해 당사자는 시민 전체이기 때문에 (중략) 그 재판절차의 최초와 최후는 민중에게 맡기지 않으면 안된다"(《법률》)라고 말했다는 것을 우리는 기억할 필요가 있다. 생각해보라. 구두를 만드는 것은 장인의 몫이겠지만, 구두를 신느냐 마느냐 하는 것은 구두를 신는 당사자가 결정할 문제라는 것은 너무도 정당한 이야기가 아닌가. 그게 어째서 틀렸다는 것인가. (한겨레, 2017-7-14)

시민들에게 도움을 청하라

문재인 정부는 다섯 달이나 계속된 평범한 시민들의 '촛불봉기'로 등장한 정부이다. 따라서 이 정부는 예컨대 정기적인 선거로 집권했던 김대중 혹은 노무현 정부보다 더 큰 민주적 정당성을 확보한 정부라고 할 수 있다(흔히 생각하는 것과 달리 선거제도는 그 자체로 민주적 정당성을 충분히 보증해주지 않는다). 그리하여 문재인 정부의 탄생과 함께 우리는 '헬조선'이라는 저주스러운 운명에서 벗어날 수 있다는 희망을 갖게 되었다. 또 무엇보다 우리 스스로의 공민적 실천을 통해서, 우리 자신의 힘으로 민주정부를 세웠다는 자부심까지 곁들여져 우리의 기쁨은 실로 컸다.

그러한 민주정부의 수반답게 문재인은 취임 이후 내놓은 여러 정책 제안과 조치들을 통해서 그가 왜, 어떻게 국정을 맡게 되었는지를 잘 이해하고 있는 지도자의 모습을 유감없이 보여주었다. 그는 취임사에서 앞으로 5년간 자신이 "대통령직을 수행하는 국민의 일원"임을 잊지 않을 것이라고 말했다. 즉, 민주공화국의 '리더'란 권력자가 아니라 어디까지나 공공선을 실현하는 도구, 즉 공복이라는 점을 강조한 것이다. 어떻게 보면 진부한 상식을 들먹였다고 할 수 있지만, 굳이 이런 발언을 한 것은 대한민국 국민들의 삶이 이 기초적인 상식을 망각한 '지도자'들 때문에 그동안 얼마나 망가졌는지를 그가 깊이 이해하고 있었기 때문일 것이다.

취임 후 지금까지 대통령의 행보는 대체로 취임사에서 약속한 모습에서 어긋난 것이 아니었다. 그는 특유의 겸손한 자세로 사회적 약자들을 껴안았고, 시민들과의 격의 없는 커뮤니

케이션을 중시하는 보기 드문 민주적 리더의 자세를 유지해왔다. 그럼으로써 그는 가난하고, 억울하고, 힘없는 사람들에게 위안과 희망을 안겨주기 시작했다. 물론 이 모든 것은 아직 실현되지 않은 약속이고, 가능성일 뿐이다. 하지만 구체적인 내용이 무엇이건 시민들의 일자리와 생계에 대한 궁극적인 책임은 국가에 있다는 그의 원칙적인 생각은 매우 정당하고, 기업 윤리의 확립, 최저임금 인상, 과세제도 개혁 등 경제적 격차를 줄이려는 일련의 시도는 민주정부의 수반다운 성실한 태도라고 평가될 수 있다.

그러나 문제는 이제부터이다. 문재인 정부의 앞날이 순탄치 않을 것임은 선거 이전에 이미 예견된 일이었다. 왜냐하면 이 나라를 오랫동안 지배해온 기득권세력의 완강한 저항이 예상되었기 때문이다. 이들 수구세력이 오랜 세월에 걸쳐 축적해온 권력, 금력, 인맥도 가공할 만한 것이지만, 무엇보다도 그들은 '공생'이라는 개념을 일관되게 무시해온 사회집단이다. 그들에게는 공동체라는 어휘도 낯설 뿐만 아니라, 빈부나 지위를 막론하고 사람은 누구나 자유롭고 존엄한 생을 향유할 권리가 있다는 사실에 대한 기초적인 이해가 거의 혹은 완전히 결여되어 있다. 이런 완고한 이기심과 특권의식으로 뭉친 세력에게 개혁의 필요성을 합리적으로 설명한다고 해서 그들이 동의해줄 것인가? 모처럼 민주정부의 등장으로 기분이 들떠 있으면서도 우리의 마음 한구석이 무거웠던 것은 이런 어두운 전망 때문이었다.

결국 우려했던 사태가 터지고 말았다. 9월 정기국회가 열리면 개혁 법안들을 통과시켜야 할 것인데, 수구 기득권세력 때문에 법안 통과가 쉽지 않을 것이라고 사람들은 이야기하고 있었다. 그런데 문재인 정부가 예상보다 일찍 부닥친 암초는 내부가 아니라 외부에서 온 것이었다. 즉, 북한 당국이 대륙간 탄도미사일을 발사한 데 이어 제6차 핵무기 실험을 강행함으로써 심각한 안보위기가 조성돼버린 것이다.

  문재인 정부는 출범과 동시에 지난 9년간 수구정권 집권 기간 내내 후퇴를 거듭하다가 완전히 두절돼버린 남북 간 교류를 재개하고, 북핵문제는 어디까지나 대화를 통해 접근하겠다고 천명했다. 그리고 6월 말 미국을 방문하여 트럼프 대통령에게 북핵문제는 대화 이외에는 해법이 없다는 점을 설명하고, 돌아와서 다시 며칠 뒤에는 베를린으로 가서 〈한반도 평화 구상〉을 발표하고 남북관계에 대한 새 정부의 비전과 계획을 밝혔다. 여기서도 강조된 것은 북한과의 대화였다. 그리하여 그는 "부산과 목포에서 출발한 열차가 평양과 북경으로, 러시아와 유럽으로 달릴 것"이라고 다소 낭만적인 기분으로 한반도 풍경의 미래를 그렸다.

  그러나 문재인 대통령의 이러한 염원은 계속해서 핵실험을 강행하고 장거리 미사일 발사를 멈추지 않는 북한 당국 때문에 좌절의 위기를 맞고 말았다. 공평하게 말하면, 9월 3일 북한이 강행한 제6차 핵실험은 문재인 정부가 '대화 원칙'을 잠정적으로나마 접지 않을 수 없도록 강요했다고 할 수도 있다.

실제로 미국 대통령 트럼프는 대화를 강조해온 문재인 대통령을 조롱하는 글을 트위터에 올렸다. 북한 핵무기 개발이 마침내 미국 본토까지 위협하는 수준에 이른 상황에서 대화를 운위하는 것은 가소롭다는 것이다(그러면서 그는 이 상황을 첨단무기를 팔아먹을 기회로 이용하겠다는 속셈을 노골적으로 드러내고 있다).

하지만 아무리 불리한 처지라 해도, 문재인 정부가 '지금은 대화할 때가 아니다'라며 북한에 대한 가장 강도 높은 제재와 압박이 필요하다고 다급히 말하는 모습은 상당히 경솔해 보인다. 수구언론들은 그렇다 치고, '햇볕정책'을 계승할 것을 약속하고 들어선 민주정부가 따져보면 놀랄 것도 없는 북한의 제6차 핵실험에 매우 격한 반응을 보이는 것은 어딘지 부자연스럽기까지 하다. 냉철히 생각해보자. 핵무기란 실제로 사용하는 순간 상상을 초월한 끔찍한 보복을 당할 게 명백한 자멸의 무기가 아닌가. 완전히 미친 인간이 아닌 이상, 그 누가 이런 식의 자멸을 선택할까? 그러므로 미국이나 한국 혹은 일본 땅에 핵무기가 실제로 투하된 상황을 생각해보자며 '엄청난 위협' 운운하는 것은, 불순한 정치적 의도를 내포한, 매우 정직하지 못한 태도라고 할 수밖에 없다.

냉전시대를 통해 인류가 배운 게 있다면, 그것은 핵무기의 효과는 기본적으로 억지력에 있다는 것이었다. 실제로 지금 북한의 집요한 핵무기 개발은 무엇보다 자기방어를 위한, 나아가 미국에 대한 '교섭력'을 높이려는 의도 때문이라는 것은 누구나 알고 있다. 게다가 그 북한을 상대로 한 어떠한 제재도 실효가 없다는 것도 명백해졌다. 중국이 적극 가담하여 '원유 공급'을 중단하면 북한이 굴복할 것이라는 기대도 있지만, 국가란 본질적으로 자신의 이해관계에 따라 움직이는 조직이다. 미국도 일본도 한국도 모두 자기 국익을 내세우면서 중국만은 예외가 되라고 하는 것은 난센스이다.

그러면 이 상황을 어떻게 타개할 것인가? 언론을 통해 숱한 의견들이 개진되고 있지만 대개는 정부가 지혜롭고 강인하게 이 엄중한 상황을 관리해야 한다는, 결국 하나 마나 한 소리들이다. 하기는 묘책이 있을 리 없다. 다만 나는 위기에 부닥치자마자 대통령이 후보 시절에 그토록 강조했던 '민주적 절차'를 내팽개치고 '사드'의 임시배치를 서둘러 결정한 것은 매우 어리석고 서툰 자해행위였다고 생각한다.

그 결정으로 중국과의 불편한 관계가 더욱 해소되기 어렵게 된 것도 작은 문제가 아니지만, 무엇보다 문제인 정부의 신뢰성에 큰 균열이 생긴 것은 심히 걱정스러운 일이라고 하지 않을 수 없다. 위기상황일수록 필요한 것은 '리더'의 고독한 결단이 아니라 집단적 지혜의 결집이다. 결론적으로 내가 하고 싶은 말은 엊그제 발표된 〈한반도 평화를 위한 5대 긴급제안〉에서 정의당 이정미 대표가 했던 말과 같다. "힘이 부족하면 국민에게 도움을 청하십시오, 우리는 기꺼이 도울 준비가 돼 있습니다."(한겨레, 2017-9-8)

트럼프가 떠난 뒤

트럼프가 극진한 환대를 받고 만족스럽다는 얼굴로 떠나자 정부도 언론도 안도하는 분위기가 역력하다. 예상과 달리 비교적 온건한 언행을 보여주고 떠났기 때문일 게다. 하지만 이 온건함의 배후에 값비싼 첨단 무기를 팔게 된 트럼프의 '성공적인 거래'가 있었음을 생각하면 씁쓸하다. 정부는 소나기는 일단 피하고 보자는 식으로 임하고 있는지 모르지만, 마냥 이런 굴욕적인 자세로 가는 게 옳을까?

그런데 희극적이게도 그 트럼프는 언제 기소될지, 언제 탄핵당할지 모르는 사람이다. 게다가 최근에는 스물일곱 명의 정신건강 관련 전문가들이 공동으로《도널드 트럼프라는 위험한 증례》라는 책까지 써냈다. 이 책의 발간 이유는, 정신적으로 극히 불건강한 인물에게 핵무기 사용 명령권이 있는 대통령직을 맡겨 놓는 게 너무나 위험해 보이기 때문이라는 것이다. 이처럼 트럼프는 지금 정치적으로 큰 곤경에 처해 있다. 그렇기에 그는 무엇보다도 자신의 상인적 재간을 최대한 발휘하여 미국 유권자들의 환심을 사야 할 다급한 필요를 느끼고 있을 텐데, 그런 그에게 아마도 가장 손쉬운 방법은 한반도 긴장상태를 한껏 이용하는 것일지도 모른다.

이 기괴한 상황에서 벗어나기 위해서라도, 우리는 저런 인물이 대통령으로 선출될 수 있는 나라가 과연 어떤 나라인지 좀 냉정하게 볼 필요가 있다. 미국은 오랫동안 민주주의, 인권, 자유를 표방하는 지도적인 국가로 세계에 군림해왔고, 어느 정도는 그 지도력이 먹혀들 여지가 있었다. 하지만 이제는 미국이 민주주의를 참칭할 수 있는 자격은 거의 다 없어졌고, 세계를 지도할 어떠한 권위도 명분도 상실했음이 분명하다. 다만 아직 막강한 군사력 때문에 계속 '빅브라더'로 군림하려는 욕망을 버리지 않고 있다.

우리에게는 아픈 기억이 있다. "한국에서의 민주주의란 쓰레기통에서 장미가 피는 것을 기대하는 것과 같다." 서양인으로부터 이런 지독히 모욕적인 말을 들으면서도 우리는 아무 항변도 할 수 없는 세월을 살아왔다. 그러나 지금 이 순간, 우리는 세계에는 한국만큼의 민주주의국가도 드물다는 생각을 하지 않을 수 없다. 적어도 지금 한국은 미국보다도, 일본보다도 양질의 민주정부를 가졌다고 할 수 있으니까.

전반적으로 민주주의가 쇠퇴하는 상황에서 한국이 예외가 된 것은, 말할 필요도 없이, '촛불혁명' 덕분이다. 생각할수록 이것은 '한강의 기적' 따위와는 비교가 안되는 기적이다. 작년 이맘때 촛불이 타오르기 전 우리의 상황은 절망적이었다. 땀흘려 일하는 이들의 삶은 날로 피폐해지고, 자살률이 세계 최고인 데다가 젊은이들은 끊임없이 '헬조선'을 부르짖는데도, 국가를 사유화한 수구세력의 유일한 관심사는 자신들의 영구적 집권이었다. 더욱 한심한 것은 이에 맞서 싸워야 할 야당은 나태와 무기력에 빠져 헤어날 줄 모르고 있었다. 그 상황에서 국정농단 사태가 터졌고, 촛불봉기가 시작된 것이다. 그 이후의 경과는 다 아는 대로이다.

그러나 촛불혁명은 아직 진행 중일 뿐, 지금까지는 '민주정부'의 탄생 자체가 큰 성과라고 할 수 있다. 물론 이것만으로도 대단한 성과이다. 왜냐하면 민주정부란 우리가 절망의 땅에서 희망의 땅으로 가기 위한 절대적인 전제조건이기 때문이다. 하지만 이 정부가 아직도 내각 구성조차 완료하지 못하고 있는 점은 어떻게 이해해야 할까?

썩고 문드러진 구체제를 발본적으로 혁파하고 '적폐'를 청산하려는 시도가 험난할 수밖에 없는 것은 길게 말할 필요가 없다. 오랜 세월 온갖 특권을 누려온 수구세력의 결사적인 저항 때문에 모처럼의 개혁 노력이 실패로 끝나는 경우는 역사에서 허다히 볼 수 있다. 이른바 진보파 언론들이 지금 문재인 정권더러 연일 야당과 현명하게 협치 내지는 타협을 하라고 권하는 것도 그 때문일 것이다.

하지만 말은 쉽지만, 수구세력은 차치하고라도 '새 정치'를 표방하며 정치에 뛰어든 유력한 야당 대표의 입에서도 '적폐청산' 노력을 이전 정권들에 대한 '복수'라고 규정짓는 몰상식한 발언이 나오는 상황에서, 어떤 '현명한' 협치나 타협이 가능할까? 결국 이 딜레마를 극복하는 길은 문재인 정부를 출현시킨 원동력, 즉 '촛불혁명'의 정신으로 돌아가는 길밖에 없지 않을까?

실제로, 지난 수개월간의 문재인 정권이 이룬 최고의 업적이 촛불정신에 가장 충실한 것이기도 했다는 점은 우연이 아니다. 즉, 대통령에 취임하자마자 탈핵국가로 갈 것을 선언하고, 신고리 원전 5·6호기의 공사를 일시 중단시킨 다음, 그 재개 여부를 시민들의 판단에 맡기겠다고 한 결정 말이다. 그리하여 공론조사위원회가 조직되고, 그 위원회의 주선으로 전국의 평범한 시민들 500명이 제비뽑기 방식으로 선정되어 석 달간의 숙고와 토론을 거쳐 마침내 10월 20일에 그 결론이 공표되었다. 외람된 말이지만, 나는 지난 수년간 줄곧 '숙의민주주의'의 중요성을 이야기해왔기 때문에 정부의 공론조사 제안을 처음 들었을 때 무척 놀랐다. 민주정부라고 하지만, 이처럼 선선히 이 아이디어를 채택하리라고는 생각하지 못했기 때문이다.

오늘날 세계 전역에서 대의제 민주주의가 대다수 민중의 신뢰를 잃은 것은, 간단히 말하면, 선거로 뽑힌 정치가들이 자기들의 개인적·정파적·계급적 이익만 챙길 뿐, 민중의 삶의 요구에는 거의 혹은 전혀 응답하지 않는 과두 금권지배 체제로 변질·타락하고 말았기 때문이다. 이 상황을 타개하는 데 가장 효과적이라고 많은 지식인들이 생각하고, 실제로 여러 국가나 공동체들에서 기왕에 실행되고 있는 것이 다양한 형태의 '숙의민주주의'인데, 그 공통점은 무작위 추첨으로 뽑힌 평범한 시민들이 '미니-퍼블릭(mini public)'을 구성하여 거기서 국가나 지역공동체의 중대사를 숙고와 대화와 토론을 통해서 결정하는 방법이다.

여기서 핵심적인 것은 무작위 선출에 의한 시민대표단의 구성이다. 즉, 현재 많은 나라의 배심원 재판 제도를 정치적·사회적 의제를 다루는 데까지 확장한 의사결정 시스템인 셈이다. 집단 속에서 살지 않으면 안되는 인간의 숙명적인 조건을 생각하면, 인간사회에서 가장 중요한 것은 의사결정 절차라고 할 수 있다. 즉, 사람들이 자기의 삶에 관계된 중대한 문제를 자기들 손으로 결정하느냐, 아니면 과두 지배층에게 맡겨 놓느냐 하는 문제이다. 그런 점에서 민주주의가 중요하고, 쇠퇴하는 민주주의를 살리는 방법으로 '숙의민주주의'는 오늘날 불가결한 제도가 되었다고 하지 않을 수 없다.

이런 '숙의민주주의'의 도입은, 촛불이 아니었다면, 정부가 꿈도 꾸지 못했을 것이 틀림없다(항간에는 복잡한 이해관계가 얽혀 있는 원전문제 처리를 시민들의 책임으로 돌리려는 정부의 '꼼수'였다는 비판도 있지만, 그러나 사실이든 아니든 그것은 부차적인 문제이다). 물론 이번 공론조사가 공사 재개 쪽으로 결론이 난 것은 매우 실망스럽지만, 그것은 여전히 한국사회가 경제논리의 압도적인 지배하에 있음을 가리키는 증표로 봐야 할 듯하다.

하지만 공론조사에 참가한 사람들은 이구동성으로, 결론에 관계없이, 이번의 경험이 너무도 감동적이었다고 말하고 있다. 아마도 난생처음 국가적 의제를 논의·결정하는 데 능동적인 참여를 한 데서 오는 '시민적 행복감'의 표현일 것이다. 그렇다면 공론조사가 거듭되고 참가자가 많아질수록 한국사회의 전반적인 정치적 수준은 갈수록 높아질 것이 확실하다. 그 결과, 원전문제뿐만 아니라 온갖 국내외적 이슈에 대한 가장 합리적인 결정을 내릴 주체는 평범한 시민들 자신이라는 자긍심을 우리 모두가 갖게 될 날이 조만간 올 것이다.(한겨레, 2017-11-10)

IV. 안보논리를 넘어서 평화체제로

'소녀상'이 있어야 할 곳

한·일 양쪽 정부가 타결했다는 2015년 12월의 이른바 '위안부 문제에 대한 합의'라는 게 터무니없이 엉터리였다는 것이 밝혀졌다. 지난 12월 27일 특별검증팀이 발표한 조사결과를 보면, 그것은 정부 간의 정당한 합의라기보다는 아베 정권의 근본적인 부도덕성과 박근혜 정권의 극단적인 무책임과 어리석음이 결합함으로써 발생한 외교적 참사였음이 분명해 보인다.

그런데도 이 부실한 합의에 대한 검증 결과가 발표되자마자 일본정부는 물론, 일본의 주요 언론들도 일제히 비난과 우려의 목소리를 쏟아냈다. 정부 간의 약속은 지켜야 하는 게 마땅하니 한국은 이제 와서 딴소리를 하지 말고 합의 사항을 충실히 이행해야 한다는 것이다. 심지어는―트럼프의 파리기후협약 탈퇴에 대해서는 침묵해왔으면서도―한국에 대해서는 '미개한 짓은 그만두고 국제적 룰을 준수하라'는 무례한 말까지 하는 언론도 있다. 그 와중에 아베 총리는 자기는 "1밀리미터도 움직이지 않을 것"이라고, 극히 난폭한 언사로써 불쾌감을 표시했다.

그런데 놀라운 것은 한국의 몇몇 '보수파' 언론도 일본 언론과 유사한 반응을 보여주었다는 점이다. 예컨대 이런 식으로. "정작 큰 문제는 경위조사란 이름으로 외교상 넘어선 안될 선이 지켜지지 않았다는 사실이다. 30년 동안 비밀에 부쳐야 할 외교문서가 2년 만에 까발려졌다. 앞으로 문재인 정부는 물론,

향후 모든 정권의 외교에 큰 짐이 될 게 분명하다. 일본은 말할 것도 없고, 어느 나라가 한국정부를 믿고 비밀스러운 거래를 할 수 있겠는가"(중앙일보 사설, 2017년 12월 28일자).

물론 이런 우려도 일리가 없지는 않다. '비밀스러운 거래'를 공개해버린 결과로 장차 국가의 외교능력에 차질이 생길 가능성이 전혀 없다고는 단정하기 어렵기 때문이다(하지만 국가 간의 교섭은 기본적으로 호혜 원칙에 의거한다는 것, 그리고 정부 간의 '비밀'이란 흔히 민심과 동떨어진 권력자들끼리의 이야기에 불과하다는 것을 우리가 잊어서는 안된다). 그러나 유감스럽게도 '보수파' 언론들이 의도적이든 아니든 완전히 간과하고 있는 게 있다. 즉, 위안부 문제는 결코 조약이나 합의의 준수라는 외교적 원칙이나 국익 따위의 차원에서 논할 테마가 아니라는 게 그것이다.

간단히 말하면, '위안부 문제'란 국가권력이 무고한 여성들을 강제로 또 조직적으로 동원하여 전쟁터의 '성노예'로 만들어 그 여성들의 하나뿐인 삶을 속속들이 망가뜨린 극단적으로 반인륜적인 만행에 관련된 문제이다. 그러므로 그것은 피해 당사자들의 문제만이 아니라, 이 세상에서 인간으로서 계속 살아가려면 반드시 짚고 넘어가야 할 우리들 모두의 문제라고 할 수 있다. 인간다운 삶을 위한 공동체가 성립하는 데는 반드시 물리적 토대만이 필요한 게 아니다. 아니, 그보다 더 근본적인 것은 공동체의 도덕적·윤리적 토대이다.

위안부 문제를 해결하자는 것은 결국 이 윤리적 토대를 뒤

늦게나마 복원하자는 것에 다름 아니다. 따라서 이것은 한일간의 단순한 외교문제도 아니고, 이른바 국익에 관한 문제도 아니다. 이것은 한국인, 중국인, 일본인을 막론하고 인간다운 삶이 어떤 것인가를 사유할 능력을 가진 모든 사람들의 공통적인 관심사일 수밖에 없다. 동아시아에서 멀리 떨어진 미국의 샌프란시스코에 위안부를 기리는 '소녀상'이 세워진 것도 바로 그러한 보편성 때문이다.

그럼에도 일본은 이 점을 직시하지 않으려 한다. 아직도 국가주의의 미망에 사로잡혀 있는 자들은 논외로 하더라도, 기본적으로 꽤 양식있어 보이는 인사들도 이 문제에서는 이상하게도 퇴영적인 자세를 버리지 못하고 있다. 그들은 이렇게 말한다. "독일처럼 일본도 전쟁 중에 피해를 입은 이웃나라들에 깨끗이 사과를 해야 한다는 주장도 있지만, 독일과 일본은 근본적으로 다르다. 독일이 사과한 것은 유대인 대학살이라는 '홀로코스트' 때문이지 전쟁을 일으킨 책임 때문이 아니다. 역사상 전쟁을 일으켰다고 사과를 한 나라는 없다." 그리고 소수지만 전쟁책임에 대해 발언하는 양심적인 지식인들도 식민지 지배에 대해서 언급하는 경우는 거의 없다. 영국이 인도에 대한 식민지적 지배에 대해 사과한 일이 있느냐 하는 게 그들의 논리다. 더욱이 오늘날 일본은 내셔널리즘을 졸업했지만, 한국이나 중국은 아직도 내셔널리즘이라는 '불합리한' 정서적 감옥에 갇혀 있다고 경멸조로 말하는 일본 지식인도 적지 않다.

그리고 그들이 늘 하는 얘기가 있다. 이제는 그만하자고, 언제까지 과거에 얽매여 있을 것이냐고. 한 번도 제대로 사과를 하지도 않고, 역사 교육도 제대로 행하지 않으면서 동아시아 국가들 간의 협력과 연대가 과연 가능하다고 생각하는 것일까. 한때 '동아시아 공동체'라는 아이디어가 한일 지식인들 사이에 유행한 적이 있다. 물론 유럽연합을 염두에 둔 발상이지만, 유럽연합의 실현에 결정적이었던 것은 자신의 역사적 과오를 솔직히 반성한 독일인들의 겸허한 자세였다. 위안부 문제가 풀리지 않는 것은 결국, 자신들에게 사죄해야 할 과오가 없다는 일본인들의 오만함 때문일 텐데, 그러한 뒤틀린 감정의 구조를 그대로 둔 채 동아시아 국가들의 선린관계를 꿈꾸어 봤자, 그것은 헛일일 수밖에 없다.

사실 위안부 문제와 관련해서 일본 측의 근본적인 태도 변화가 없는 한, 한국정부가 할 일은 별로 없어 보인다. 지금 한국의 언론들은 문재인 정부의 지혜로운 대응을 요구하고 있지만, 자기의 역사에서 듣기 싫고 보기 싫은 것은 아예 없던 사실로 치부하고자 하는 얕은 정신의 소유자들과 어떤 대화 혹은 협상이 가능할까. 실제로 오늘날 일본의 학교에서는 근현대사를 거의 가르치지도 않고, 일본의 고교 졸업생 중 한반도가 왜 분단되었는지 내력을 이해하는 젊은이들이 드물다고 한다. '소녀상' 문제만 해도 그렇다. 합리적으로 생각한다면, 현재 베를린의 도시 중심부에 나치 독일의 희생자들에 대한 추모비들이 세워져 있듯이, 위안부 관련 '소녀상'은 서울이나 부산이 아니라 도쿄나 오사카에 세워져 있는 게 마땅하고 자연스럽다고 할 수 있다. 그런데 거꾸로, 최근 샌프란시스코의 소녀상 설치에 반발하여 오사카시장은 샌프란시스코시와 기왕에 맺어온 자매관계를 파기하겠다고 선언했다.

마침 올해는 메이지유신 150주년이 되는 해이다. 메이지유신은 원래 '삿초번'의 무사들이 일으킨 쿠데타였다. 그리하여 정치적 정통성의 결여라는 위기를 극복하기 위해서 그들이 급조한 것이 천황제 국가주의, 그리고 '정한론(征韓論)'이라는 이름으로 진행된 조선 침략과 지배였다. 그 결과, 한반도는 물론 아시아 전체에 걸쳐 풀뿌리 민중의 삶은 오랫동안 참혹하게 유린되고 뒤틀려왔다. 그리고 그 후유증은 실제로 지금도 계속되고 있다(재일조선인 역사학자 김정미는 일본이 식민지 지배와 전쟁에 대해 사죄를 하지 않는 중요한 이유로, 만약 제대로 사과를 했을 때 그에 따른 보상 내지 배상은 현재 일본의 경제력으로는 감당하기 불가능하다는 점을 들었다. 그토록 일제가 저지른 만행이 크고 광범했다는 뜻이다).

일본의 상당수 지식인들은 일본의 아시아 침략과 반인륜적 만행에는 역사적으로 불가피한 측면이 있었다고 설명하는 경향이 있다. 하지만 그런 논리는 역사란 결국 인간이 만들어가는 것이며, 따라서 인간이 책임져야 할 문제임을 무시하는 논리라고 할 수 있다. 우리가 위안부 문제에 관해 일본의 역사적 책임을 계속 묻는 것은 내셔널리즘도, 국가이익을 위한 것도 아니다. 그것은 단지 인류를 망각한 삶은 인간다운 삶이 아니라고 생각하기 때문이다(같은 논리에 입각하여 우리는 베트남에서 저지른 한국의 역사적 과오에 대해서도 솔직히 그리고 철저히 반성하지 않으면 안된다).(한겨레, 2018-1-5)

'불안의 정치'에 맞서려면

남북관계에 모처럼 봄기운이 돌고 있다. 평창겨울올림픽이 계기가 되었지만, 기본적으로는 민주정부가 들어선 덕분이다. 이 점에서도 '촛불혁명의 위업'을 절감하지 않을 수 없다.

대북특사단의 귀환 보고에 따르면, 이제 곧 판문점에서 남북 정상회담이 열리고 북미 간 대화의 가능성도 높아진 것으로 보인다. 체제의 안전만 보장된다면 핵무기를 보유할 이유가 없다는 북측의 발언은 물론 새로운 것은 아니지만, '비핵화'라는 말 자체를 거부하던 최근까지의 태도를 생각하면 상당히 뜻밖이라고 할 수 있다. 더 놀라운 것은, 그동안 북한이 가장 첨예하게 반발해왔던 한미 군사훈련에 대해서도 예년 수준이라면 수용하겠다는 자세를 보인 점이다. 이 모든 것은 북미 간의 평화협정 체결을 간절히 원한다는 뜻일 것이다(남한의 수구세력은 이를 두고 또다시 '기만전술' 운운하지만, 클린턴 정부 때 맺어진 북미 간 기본합의의 틀을 결정적으로 깬 것은 2002년 1월에 이란, 이라크, 북한을 '악의 축'으로 규정한 조지 부시(아들)였다).

하기는 국가관계에서 '진정성'을 따지는 것은 무의미한 일이다. 아무리 굳게 약속했을지라도 필요하다면 언제라도 상대방을 배신하는 것은 '국가라는 괴물'의 숙명적 악습이기 때문이다. 중요한 것은, 그 점을 늘 냉철히 인식하고 적절히 대응하는 일이다. 북한의 태도 변화에는 현실적인 이유가 있을 것이다. 고강도의 경제봉쇄에 더는 버틸 힘이 없어졌을 수도 있고, 트럼프의 협박성 발언들이 그냥 말에 끝나지 않을지도 모른다고 판단했을 수도 있다. 진짜 동기가 무엇이든, 북한이 대화를 통한 현상 변경을 원하는 것은 틀림없고, 남한 사람들도 늘 '불안' 속에서 살아갈 수는 없는 만큼 모처럼 부드러워진 이 국면을 잘 살리는 게 중요하다는 것은 두말할 필요가 없다.

그러나 문재인 대통령의 말이 아니라도, 아직 낙관할 때가 아닌 것이 분명하다. 대북특사단의 보고에 대한 트럼프의 첫 반응은 일단 긍정적인 것으로 보이지만, 그의 종잡을 수 없는 행태로 볼 때 그가 실제로 북한을 진지한 대화의 상대로 여길지는 여전히 불투명하기 때문이다. 물론, 트럼프라는 개인의 인성도 중요한 변수이긴 하다. 하지만 그의 나르시시즘이 극단적으로 보이는 것은 틀림없지만, 타자에 대한 배려 없이 오로지 자기중심적으로 생각하고 행동하는 것은 오늘날의 허다한 정치인들의 공통된 성격이라고 할 수 있다. 따져보면 미국의 (혹은 세계의) 최고 권력자 중에서 온전한 정신을 가졌던 사람이 과연 몇이나 될까. 그런데도 미국도 세계도 어쨌든 아직 멸망하지 않고 여기까지 온 것은 개인을 넘어서는 보다 큰 통제력이 정치시스템 속에서 작동해왔기 때문일 것이다.

그런데 문제는 이 통제력이 흔히 미국이나 세계인들의 보편적인 이익, 즉 공공선이 아니라 극소수 특권층의 이익을 위해서 작동한다는 점이다. 즉, 2차대전 이후 미국의 정치에 결정적인 영향력을 행사해온 것은 늘 '군산복합체'였고, 지금도 그렇다는 뜻이다. 진부한 이야기로 들릴 수 있지만, '군산복합체'를 상정하지 않고 우리가 미국의 안보, 외교 정책을 이해한다는 것은 불가능하다고 할 수 있다.

이 점에서 최근 《녹색평론》(제157호, 2017년 11-12월)에 번역·소개된 글 〈'북핵위기'라는 허상〉은 주목할 만한 자료이다. 현재 벨기에에서 활동하고 있는 이 글의 필자 다니구치 나가요(谷口長世)는 오랫동안 세계의 안보와 군사문제를 취재해온 베테랑 저널리스트이다. 그는 자신의 풍부한 취재 경험을 근거로 '북한 핵 위기'에 관련된 심히 미심쩍은 사실을 지적한다. 그가 먼저 주목하는 것은, 파키스탄 핵 개발의 주역으로 알려진 과학자 압둘 카디르 칸 박사가 유럽으로부터 핵무기 개발에 필수적인 기술과 특수소재, 부품 등을 몰래 빼돌리기 시작한 것이 1970년대부터였고, 그중 일부가 북한으로 넘어갔다는 사실이다.

그 자신의 취재·조사에 의하면, 이 사실은 이미 처음부터 유럽과 미국의 첩보기관들이 알고 있었다. 그러다가 2003년에 이르러 세계의 언론을 통해 칸 박사를 중심으로 한 이른바 '핵 암시장'의 실태가 폭로되자 국제사회의 비난의 표적이 된 파키스탄정부는 이듬해 1월에 칸 박사를 형식상 체포하고, 곧 그를 사면하는 것으로 상황을 종료시켰다. 그런데 근 사반세기 동안이나 방치했다가 2003년에 와서야 세상이 떠들썩할 정도로 이 문제가 부각된 것은 무슨 이유인가, 하고 다니구치는 묻는다.

이와 관련해서 또하나 빠뜨릴 수 없는 중요한 증언이 있는데, 그것은 네덜란드의 전 총리 뤼버르스가 행한 발언이다. 그는 1973년에서 1977년까지 네덜란드의 경제장관으로 재임 중 칸 박사의 핵 기술 스파이 행위에 대해서 미국 쪽에 통고를 했는데, 미국으로부터는 계속해서 감시와 보고를 하되 그를 체포하지 말고 일단 그대로 두라는 지시가 돌아왔다고, 몇몇 공영방송과 한 인터뷰에서 증언했다. 물론 미국 중앙정보국은 근거 없는 말이라고 반박했으나, 정보공개청구에 의해 공개된 비밀문서들을 보면 미국이나 네덜란드 정부는 칸 박사의 '간첩행위'에 대해서 오래전부터 알고 있었음에도 어떠한 적극적인 조치도 취하지 않았던 것이 확실하다.

이러한 사실은 우리가 '북핵위기'의 배경을 옳게 이해하는데 매우 중요한 힌트가 될 수 있다. 소비에트사회주의가 붕괴된 이후 국방산업의 유지·확대를 위해 필요한 '적'을 잃어버린 군산복합체의 입장에서는 새로운 출구가 있어야 했다. 그리하여 때마침 부상한 이슬람 테러리스트들과 이라크에 대한 침략전쟁이 일단락된 후 2003년 10월에 미국의 북한에 대한 공세가 시작되었음을 다니구치는 주목한다. 국방산업이나 군사정책에 관여하는 사람들의 입장에서 보자면 '동북아시아는 가장 유망한 상업적 기회를 제공하는 시장'인 것이다.

이 점을 실증적으로 뒷받침하는 자료는 스톡홀름국제평화연구소가 펴내는 보고서 〈세계 군사비 동향〉이다. 이에 따르면, 2016년의 경우 세계 전체의 군사비 추계는 전년 대비 0.4퍼센트 증가한 1조 6,860억 달러였다. 그런데 동아시아는 2007년부터 2016년 사이에 무려 74퍼센트나 증가한 3,080억 달러였다. 그러니까 한반도를 비롯하여 동중국해, 남중국해 등에서 긴장이 고조될수록 동아시아 전체의 군사비는 필연적으로 증가한다. 뒤집어 말하면, 평화와 화해의 움직임이 진전되면 군사 비즈니스 측면에서의 시장가치는 하락하는 것이다.

지역의 불안정을 이용하여 돈을 벌려는 의도를 가진 것은 꼭 미국의 군산복합체만이 아니다. 흔히 산업국가들의 최우선적인 관심사는 부국강병이지 시민들의 평화롭고 안정된 생활이 아니다. 더욱이 오늘날 국가의 안보나 외교정책에 강력한 영향력을 행사하는 세력은 거대기업과 금융자본이다. 그런 까닭에 무엇보다 과잉생산 문제로 골머리를 앓고 있는 현재의 자본주의경제의 입장에서 보자면, 군수산업의 확대는 매우 장래성 있는 활로로 여겨지기 쉽다. 대표적인 경우가 일본이라고 할 수 있다. 아베 총리가 남북한 간의 대화를 달가워하지 않는 것은 한반도의 불안한 상황을 자신의 정권 강화에 이용하려는 의도 못지않게, 일본 경제의 군사화를 통해서 '제국 일본의 영광'을 되찾고 싶다는 망상에 빠져 있기 때문이다.

'불안'을 조성하고 부추김으로써 통치기반을 강화하려는 정치세력은 늘 있어왔지만, 세계경제가 구조적 위기에 처한 지금은 '불안의 정치'가 어느 때보다도 기승을 부릴 가능성이 높아졌다고 할 수 있다. '안보'에 대한 과잉 관심은 시민적 자유의 위축과 민주주의의 후퇴로 이어지기 쉽다. 민주주의를 지키고 평화로운 세상을 원한다면, 우리는 늘 깨어 있는 정신으로 사태를 냉철하게 분석하는 습관을 기를 필요가 있다.(한겨레, 2018-3-9)

안보논리를 넘어서 평화체제로

아침부터 텔레비전 앞에 앉아 진기하고도 흐뭇한 장면들에 몰입해 있다가 시간 가는 줄도 모르고 보낸 하루였다. 생각해보니 이렇듯 꼼짝도 않고 장시간 텔레비전을 지켜본 것은 4년 전 세월호 참사 때 이후 처음이다. 민주정부가 들어서면 텔레비전에서도 이토록 완전히 차원이 다른 화면을 보는 행복을 누리게 될 줄 미처 몰랐다.

물론 우리가 지난 금요일 텔레비전을 보며 감격한 것은 방송 카메라가 저 혼자 요술을 부려서가 아니라, 거기에 등장한 주요 인물들의 말과 행동 덕분이었다. 아마도 텔레비전을 지켜보는 많은 한국인에게 무엇보다 인상적이었던 것은, 남북한 두 최고 지도자가 상대방을 대하는 예의 바르고 자연스러운 태도였을 것이다. 큰 연령차에도 불구하고 문재인 대통령은 극히 겸손한 자세로 상대방을 환대하며 말끝마다 그의 "용기 있는 결단"을 찬양했고, 북의 젊은 지도자는 여유있고 재기 넘치는 발언으로 분위기를 살리되 교만함과는 거리가 먼 공손한 태도를 일관되게 유지했다. 우리가 이런 모습에 새삼 신선한 감동을 느낀 것은 그동안 이른바 정치를 한다는 인간들이 너무나 흔히 드러내는 추하고 무례한 언행에 진절머리가 나 있었기 때문일 것이다.

그러나 그날 남북 지도자들의 그 모습은 어디까지나 '쇼'였다고, 진정성을 의심하는 사람들도 있는 모양이다. 하지만 우리는 정치라는 것은 어차피 '연기'라는 것을 알아야 한다. 정치가의 말과 행동이 진심이냐 아니냐를 따지는 것은 어리석은 짓이다. 엄밀히 말하면, 우리의 인생 자체가 타인들의—그리고 자기자신의—시선을 의식한 끊임없는 연기의 연속이라고 할 수 있다. 그리고 정치는 그중에서도 최고 형태의 연기라고 해도 무방하다. 그것은 만인이 지켜보는 '공적 공간'에서의 연기일 뿐만 아니라 수많은 사람들의 운명이 거기에 달려 있기 때문이다. 그러므로 훌륭한 정치가란 곧 대중들에게 심미적인 쾌감을 주는 훌륭한 연기자라고 할 수도 있는 것이다.

그런데 이번 판문점 남북 정상회담에 대해 우리는 이토록 감격하고 환호하고 있는데, 해외의 주요 언론들은 이상하게도 냉담한 반응을 드러내거나 경계심에 찬 시선을 거두지 않고 있다. 왜 그럴까? 예를 들어 〈월스트리트저널〉은 판문점 회담 직후의 기사에서 "한국정부는 북한이 하는 말이 교묘하게 꾸며낸 것임을 알면서도 그 의미를 세계를 향해서 과장되게 선전할 것을 선택했다"라고, 마치 남북한이 합세하여 국제사회를 속이는 것처럼 해석했다. 하기는 이 신문이 골수 보수파 언론이라는 것을 고려하면 놀랄 것도 없다. 하지만 모처럼의 남북 정상회담의 성과를 어떤 식으로든 폄훼하고 있다는 점에서는 리버럴 매체라는 〈뉴욕타임스〉도, 시사 주간지 〈뉴요커〉도 예외가 아니다.

심지어 영리추구로부터 자유로운 뉴스매체로 널리 알려진 영국의 〈가디언〉도 무슨 까닭인지 남북, 북미 회담의 전망을 심히 부정적인 태도로 전망하고 있다. 일본 언론은 말할 것도 없다. 한때 대표적인 진보 매체였던 〈아사히신문〉 홈페이지에는 최근 "과연 북미 정상회담이 열릴 수 있을까"라는 제목으로, 북한 측의 "상습적인 약속 위반" 행위로 볼 때 트럼프 대통령과 김정은 위원장의 대면은 성사되기 어려울 것임을 거의 단정적으로 예언하는 글이 게재되기도 했다.

그런데 행간을 자세히 들여다보면, 이들 해외 언론의 논조에는 견실한 근거가 있다기보다는 다분히 필자들의 개인적 편견이나 기대 혹은 희망이 반영되어 있다는 느낌이 든다. 실제로, 인간사에는 예측을 능가하는 일이 허다하다. 더욱이 지금 거론되고 있는 주역의 하나, 즉 트럼프는 전대미문의 종잡을 수 없는 특이한 인물이다. 그러므로 종래의 미국 대외정책이나 외교 경험을 근거로 이런 인물이 결정적인 순간에 어떻게 행동할지 합리적으로 예측한다는 것은 결코 쉬운 일이 아니다. 그럼에도 지금 좌우를 막론하고 주요 해외 언론들이 북한의 제의에 따라 예정되어 있는 북미 정상회담에 대해 부정적인 시각을 고수하고 있는 것은 언론 자신의 뿌리 깊은 이해관계나 이데올로기적 입장을 반영한 것인지도 모르고, 나아가서 거기에는 오랫동안 열강들 사이의 제물로 살아온 한반도 주민들에 대한 어떤 종류의 인종적·민족적 편견이 개입돼 있는지도 모른다.

하기는 어차피 '국외자'들인 그들의 한반도 상황인식이 당사자인 우리와 같을 수는 없다. 그들에게는 만에 하나 한반도에서 전쟁이 터진다고 해도 그건 결국 '남의 일'이다. 이 근본적인 입장 차이가 판문점 회담에 대한 반응의 차이를 낳는 주된 요인임에 틀림없다. 즉, 남북관계 개선, 한반도 긴장 완화, 그리고 평화체제 구축이라는 크게 세 항목으로 구성된 회담의 합의 내용을 두고 상당수 해외 언론(그리고 국내의 극우 수구파 언론)은 '비핵화'에 대한 구체적인 합의가 포함돼 있지 않다고 비판적인 입장을 취하고 있지만, 우리가 보기에 그건 너무도 한가로운 투정이라고 하지 않을 수 없다.

획기적으로 관계가 개선되어 남북한이 서로 긴밀히 돕고 지낼 수 있다면, 전쟁위험과 핵문제는 저절로 해소될 것이 우리에게는 너무도 명백한데도 그들은 이 점을 무시하고, 오로지 '비핵화'를 고립된 테마로 간주하고 있기 때문이다('비핵화'는 결국 북미 정상회담에서만 최종적 합의가 가능한 문제인 이상, 남북 정상회담에서 구체적인 결론을 낼 수 있는 게 아님이 분명하다. 그리고 지금 우리의 가장 긴급한 과제는, 설혹 북미 회담이 실패할지라도 한반도에서 전쟁이 일어날 빌미를 제거하는 것이다. 또 우리에게는 핵무기만이 문제가 아니다. 만약 어떤 이유로든 전쟁이 터지면 핵무기가 아닌 북의 장사포만으로도 2,000만 인구가 조밀하게 살고 있는 남한의 수도권은 순식간에 '불바다'가 될 수 있기 때문이다. 이 점에서도 남북 간 관계 개선과 적대행위의 중지를 강조한 이번 판문점회담의 성과는 찬양받아 마땅하다고 할 수 있다).

해외의 언론이나 이른바 전문가들의 끈질긴 북한 불신론의 근거는 북한이 습관적으로 세계를 속이고 합의를 깨면서 핵개발을 진전시켜왔다는 것이지만, 실제로 이는 언론이라면 반드시 수행해야 할 기본적인 '팩트 체크'조차 거치지 않은 일방적인 주장이라는 점을 그들은 잊고 있다. 이 점에 대해서는 여기서 길게 설명할 여유는 없지만, 오랫동안 북핵문제를 실무적으로 다뤄온 전문가의 말을 귀담아들어볼 필요가 있다. 예컨대 존 메릴 전 미 국무부 정보조사국 동북아실장은 〈경향신문〉(2018년 5월 2일자)에 실린 대담에서 북핵문제 해결이 그동안 실패한 것은 "모두 북한의 속임수 때문이 아니란 점"을 기억해야 한다고 말하고, 북한 못지않게 "미국과 한국도 약속을 위반"한 것이 엄연한 사실임을 명확히 지적하고 있다. 문제는, 이러한 기초적인 사실을 왜 세계의 주요 언론들이 확인조차 하지 않은 채, 계속해서 북한을 부정적으로만 묘사하려 하느냐는 것이다.

이 문제는 내 짧은 소견으로 답할 수 있는 게 아니지만, 한 가지 추리는 가능하다. 즉, 그들이 현상 변경을 바라지 않을 거라는 점이다. 실제로 한반도의 휴전상태는 2차 세계대전 이후 세계를 실질적으로 지배해온 '군산복합체'의 확대와 유지에 불가결한 고리 중 하나였다고 할 수 있다. 따라서 이제 이 휴전상태가 평화체제로 바뀔 가능성이 높아진 상황은 진보·보수를 가릴 것 없이 기존 세계 질서 속에 안주해왔던 개인이나 집단에는 결코 달가운 상황일 리 없다. 하지만 온갖 위기에 직면한 오늘의 세계가 구태의연하게 '안보'라는 억압적 논리에 갇힌 채 이대로 계속 간다면 조만간 세계 전체는 전면적 파멸을 면할 수 없을 것이다. 그러므로 한반도 평화체제 구축을 위한 힘든 노력은 세계 질서의 근본적 갱신에 직결되는 싸움이기도 하다는 점을 우리는 인식할 필요가 있다.(한겨레, 2018-5-4)

철도여행의 꿈도 좋지만

6월 12일의 싱가포르 북미 정상회담은 두 정상이 직접 만났다는 사실 자체만으로도 큰 성공이었다고 할 수 있다. 구체적으로 나눈 얘기가 무엇이건, 회담 직후 두 사람의 표정은 밝았고, 트럼프 대통령은 매우 유익한 회담이었다고 기자들에게 거듭 강조했다.

부정적인 눈으로 보면 허풍일 수도 있다. 그러나 '완전하고 검증 가능하며 불가역적인 비핵화'라는 문구를 왜 합의문에 써 넣지 못했느냐고 물고 늘어지는 기자들의 공격에 트럼프는 오히려 한미 합동 군사훈련의 중단을 고려하겠다는 '충격적인' 발언으로 맞섰다.

트럼프 대통령의 이 발언은 매우 중요하다. 즉, 북핵문제란 물리적 압박이나 단 한 번의 정상회담으로 풀리는 문제가 아니라 긴 시간을 들여 상호 입장을 고려하며 복잡한 절차를 거쳐야 비로소 현실적으로 해결 가능한 문제임을 미국 대통령이 드디어 터득했다는 뜻이기 때문이다.

그 점에서 트럼프는 그에게 적대적인 어떤 정치가, 전문가, 언론인보다 더 합리적이고 실용주의적인 사고를 하기 시작했다고 평가될 수 있다. 그들이 주문처럼 외는 '완전하고 검증 가능하며 불가역적인 비핵화'라는 말은 기실 핵문제 해결을 방해하려는 목적으로 '네오콘'이 만든 책략적 용어라는 점은 이미 여러 논자들이 지적했다.

예컨대 '불가역적인 비핵화'라는 것 하나만 보더라도, 그것은 애초에 실현 불가능한 목표라고 할 수밖에 없다. 실제로 그렇게 하자면 이미 보유하고 있는 핵무기나 핵시설뿐만 아니라 미래에 있을 수 있는 모든 종류의 핵 관련 연구·개발 가능성을 완전히 차단해야 하고, 나아가 원자력발전과 동위원소의 의학적 응용도 전부 단념해야 하며, 극단적으로 말하면 북한의 모든 핵 관련 과학기술자, 그리고 북한 땅에 매장되어 있는 우라늄도 남김없이 채굴하여 미국이나 북한 바깥으로 반출해야 한다. 가당키나 한 일인가?

놀라운 것은, 역대 미국의 어느 정부도 이해하려 하지 않았던 합리적이고 현실적인 이러한 해법을, 종잡을 수 없는 '미친' 언행 때문에 조롱과 비난을 받는 인물이 이해했다는 점이다. 이렇게 말하는 것은 트럼프의 발언이 결코 즉흥적인 것이 아님을 느낄 수 있기 때문이다. 예를 들어, 한미 합동 군사훈련의 중단이 왜 필요한지 말할 때, 그게 돈이 많이 들고, 또 '도발적'이기 때문이라고 설명한 것이 그렇다. 즉, 이 훈련은 단지 방어훈련이 아니라 (북한의 입장에서는) 매우 위협적인 군사행동으로 여겨질 수 있고, 따라서 모처럼의 협상이 진행되고 있는 이때 그런 훈련을 계속한다는 것은 이치에 맞지 않는다는 것이다.

이것은 꼭 노련한 협상가가 아니라도 상대방의 처지를 최소한 이해한다면 누구라도 할 법한 당연한 사고다. 그런데도 트럼프의 이 훈련 중단 발언에 대한 서방 주류 언론들의 반응은 심히 냉소적이다(이는 오랫동안 '군산복합체'가 만들어 놓은 세계적인 이권구조와 사고습관에서 그들이 벗어나지 못한 탓일 것이다. 하지만 트럼프라는 '아웃사이더'의 등장은 군산복합체의 쇠락이 시작되었음을 알려주는 신호라고도 할 수 있다). 그러나 이런 분위기에서도 예외적인 발언이 없지는 않다.

그중 매우 흥미로운 것은 한국 현대사에 정통한 브루스 커밍스 교수의 반응이다. 커밍스 교수는 싱가포르 정상회담 직후 어느 시사 주간지에 실린 인터뷰에서 한미 합동 군사훈련을 '도발적'이라고 지칭한 미국의 정치지도자는 지금까지 트럼프 이외에는 없었음을 지적하고, 이는 그가 아무런 환상 없이 그냥 '맨눈(innocent eyes)'으로, 있는 그대로 사실을 직시했기 때문이라고 해석했다.

그러고 보면 '맨눈'의 소산이라고 함직한 또하나의 대목이 눈에 띈다. 즉, 트럼프 대통령에게 어떤 기자가 북한 쪽에 왜 인권문제를 거론하지 않았느냐고 따지듯 묻자 놀랍게도 그 답변은 "뭐라고! 우리는 깨끗하다고 생각하느냐?"였다. 무수한 인종학살, 인권유린을 자행해온 자기들의 역사는 돌아볼 줄 모르는 미국인들의 위선이 통렬히 폭로되는 순간이었다.

돌이켜보면, 초기 개척시대 이래 미국의 역사는 일관된 자기 몰입의 역사였다. 그리하여 이른바 엘리트 미국인들은 '미국 제일주의'에 도취한 나머지 타자의 처지를 이해하는 데 끔찍할 정도로 서툴고 무능한 모습을 드러내왔다. 그런데 그 미국에서도 자아도취 증세가 특히 심하다는 평가를 받는 인물이 뜻밖에도 북핵문제와 관련해서는 역대 어느 정권, 어느 지도자도 하지 못했던 역지사지(易地思之)의 필요성을 언급하고 있는 것이다.

트럼프의 이런 모습은 그가 어떠한 추상적 이데올로기, 사상, 신조도 갖고 있지 않다는 점에서 연유하는지도 모른다. 그에게는 어떤 이상주의적 관념에 의거하여 세상을 바로잡아야겠다는 허황한 소명감 같은 것은 조금도 보이지 않는다. 지금까지 드러난 행태를 보면, 그의 심리와 행동은 크게 두 가지 욕망, 즉 자신의 나르시시즘을 만족시키려는 욕망과 돈을 벌고자 하는 욕망에 주로 좌우되는 것으로 보인다. 그러니까 싱가포르 정상회담이 성공적으로 마무리되고, 나아가서 한미 합동 군사훈련의 중단이라는 과감한 결정까지 나오게 된 배경에는, 그렇게 함으로써 트럼프 자신의 두 가지 욕망이 동시에 충족될 수 있다는 판단이 섰기 때문일 것이다.

북핵문제의 평화적 해결이 어째서 그의 나르시시즘을 만족시킬 것인가 하는 것은 긴 설명을 필요로 하지 않는다. 그 자신의 말대로, 그것은 어느 대통령도 하지 못했던 것을 성취했다는 희열을 가져다줄 것임에 틀림없다(그 결과로 선거에서 승리하면 그것 역시 엄청난 자기만족감을 줄 것이지만, 아마도 트럼프에게는 다른 대통령이 못한 것을 이루어냈다는 자기도취감이 더 중요할지 모른다). 북핵문제의 평화적 접근이 줄 수 있는 또하나의 만족감은 그것이 확실히 돈이 된다는 점일 것이다.

트럼프는 북한과의 협상이 성공적으로 타결되어 북한이 개방사회가 되고, 본격적인 경제개발이 시작될 것을 내다보며, 북한의 '밝은' 미래상을 미리 보여주는 영상물을 자신이 만들어 왔고, 그것을 북한의 젊은 지도자에게 보여주었다고 자랑스럽게 말했다. 그렇게 함으로써 그는 북한이라는 미개발 지역에서 자신과 미국의 사업가들이 획득할 수 있는 경제적 이익에 대한 욕망을 자기도 모르게 표출했다. 그뿐만 아니다. 실제로 실수인지 의도적인지 모르지만, 그는 "북한은 멋진 해안

선을 가지고 있다"고, 대규모 휴양시설을 짓고 싶다는 부동산 업자의 본심도 노골적으로 드러냈다.

그러니까 앞으로 얼마 동안은 우여곡절이 있겠지만, 북한과 미국의 관계 개선은 이제 거의 돌이킬 수 없는 기정사실이 되었다고 판단해도 좋을 깃 같다. 그리하여 지금부터는 지난 70년간 한반도 평화체제의 구축을 근원적으로 가로막아왔던 냉전구조가 드디어 붕괴하고, 비록 통일은 아닐지라도 남북 간 화해, 교류, 협력의 시대가 본격적으로 열릴 것은 틀림없어 보인다. 나아가 '동아시아 평화공동체'라는 새로운 시대 구상도 활발해질 것으로 보인다. 그리고 무엇보다 북한은 중국이나 베트남의 선례에 따라 국가 주도의 경제발전을 빠른 속도로 진행하고, 해마다 높은 경제성장을 기록하는 사회가 될 것임도 충분히 예견할 수 있다. 문제는 그러한 과정을 통해서 거죽은 화려하되 속은 썩고 병든 또하나의 낯익은 괴물사회가 한반도 북쪽에도 형성될지 모른다는 점이다. 아니, 오늘의 자본주의 세계경제 논리를 생각하면 그렇게 될 가능성이 농후하다고 할 수 있다.

남북 화해 시대를 맞아 우리는 서울에서 평양을 거쳐 중국과 러시아로, 그리고 유럽으로 가는 철도여행의 꿈에 취하는 것도 좋지만, 남북이 긴밀한 상호 교류와 협력을 통해서 어떻게 하면 함께 좋은 사회로 변화·성숙해갈 수 있을지 모든 사회적 역량을 쏟아 치열하게 숙고·토론해야 할 필요에 직면해 있다. (한겨레, 2018-6-29)

히로시마, 평화, 기후 아마겟돈

지난 주말 히로시마에 갔다가 돌아왔다. 해마다 이맘때가 되면 히로시마에는 일본 전역과 세계 각처로부터 평화를 염원하는 수많은 시민·활동가들이 모여들어 다양한 집회를 연다. 말할 것도 없이, 그것은 8월 6일이 바로 저 가공할 원폭이 투하된 날이기 때문이다.

내가 이번에 난생처음 그 히로시마를 방문하게 된 것은 오랫동안 평화운동을 해온 일본의 한 시민단체 덕분이었다. 그들은 '8·6 히로시마 평화모임 2018'이라는 이름으로 금년의 집회를 준비하면서, 최근의 한반도 정세와 관련하여 한국인의 이야기를 들어보기로 의견을 모았던 모양이다. 그리고 어쩌다가 내게 강연 요청이 왔는데, 그 요청을 받은 지난 5월쯤에 나는 이번 여름 더위가 이토록 지독할 것이라고는 예상하지 못했다. 약속된 날짜가 다가오자 더위에 약한 나는 서울보다 더하면 더했지 조금도 덜하지 않을 히로시마의 가마솥더위 속으로 들어갔다가 돌아올 일이 아득했다(어디선가 읽은 증언기록에 의하면, 원폭 투하에서 기적처럼 살아남은 생존자들의 기억 중에 가장 뚜렷한 것 하나는 73년 전 그날 아침 폭탄이 터지기 직전의 히로시마 날씨가 너무도 더웠다는 것이다).

그러나 더위 때문에 히로시마행을 취소할 수는 없었다. 어쨌든 몹시 더운 8월 5일 오후, 히로시마 시내에서 강연·토론회가 열렸다. 꽤 넓은 강당에 많은 청중이 참석해서 한국에서 온 낯선 인간의 이야기를 들으려 했다. 강연을 시작하면서 나는 한반도 문제에 관한 이른바 전문가의 식견이 아니라 한 평범한 한국 시민-지식인의 아마추어적인 상식을 이야기하겠다고 말하고, '안보논리에서 평화공생의 길로'라는 제목으로 간단한 발표를 하였다. 그리고 한 시간 남짓 참석자들과 다양한 의견을 교환했다.

내 강연 요지는 단순했다. 즉, 2차 세계대전 이후 지금까지 한반도와 동아시아, 나아가서는 세계 전역에 걸친 제1의 지배논리는 안보였고, 이 안보논리 때문에 인류사회(특히 한반도와 동아시아)에는 여하한 창조적인 삶의 가능성도 원천적으로 차단되었다. 최근 촛불혁명 이후 남한에 모처럼 민주정부가 들어선 이후 한반도를 중심으로 전개되는 해빙 기류는 이 안보논리에 갇힌 기존의 세계 질서를 타파하는 것은 물론, 우리들의 상상력을 열어주는 결정적인 계기가 될 수 있다.

그리고 만약 그렇게 된다면 한반도 주민은 말할 것도 없고 동아시아인 전체는 지금까지 경험해보지 못한 질적으로 높은 인간적인 삶을 자유롭게 탐색할 기회를 갖게 될 것이다. 그리고 이 기회를 살리는 데 우리에게 가장 필요한 것은 일찍이 하토야마 유키오(鳩山由紀夫) 전 일본 총리(2009~2010년 재임)가 제시한 '우애에 기초한 동아시아 공동체'라는 개념 혹은 그와 유사한 정치철학이며, 그것을 위해서 무엇보다 불가결한 것은 민족과 국경이라는 경계를 넘어선 동아시아 시민들끼리의 자유롭고 활발한 교류와 대화, 연대를 향한 노력이다….

강연이 끝나자, 청중석에서 활발한 질문과 의견 발표가 끊이지 않고 계속되었다. 질문 중에는 내가 답하기 어려운 것이 많았다. 예를 들어, 일대일로라는 거창한 프로젝트를 내걸고 어마어마한 기세로 판세를 확장하고 있는 현재의 중국 지도부에게 '우정에 기초한 동아시아 공동체'라는 정치철학을 기대한다는 것이 현실적으로 가능할 것인가 하는 질문이 있었다. 그 질문에 대한 흔쾌한 답변은 물론 내 능력을 넘는 것이었다. 하지만 나는 작년 10월의 19차 공산당대회에서 시진핑 주석이 중국의 미래상을 하필이면 소강(小康)사회, 미려(美麗)사회, 생태문명사회로 요약한 것은 단순한 정치적 수사라기보다는 어느 정도는 현재의 중국 정치지도자들의 진심이 담긴 포부를 표현한 것으로 볼 수 있지 않겠느냐고, 그렇다면 거기에는 동아시아 공동체의 잠재적 가능성이 있는 게 아니겠느냐고 조심스럽게 말했다.

　그러나 이런 까다로운 문제보다 더 근본적인 우려도 표명되었다. 그것은 동아시아 공동체라는 개념은 그 자체로 흠잡을 데 없는 것이라 하더라도 그 말에는 어딘가 '아시아주의'를 표방하면서 실제로는 아시아 침략을 정당화하는 이데올로기로 기능했던 일본제국주의 시대 우익 사상의 불길한 냄새가 풍긴다는 점을 지적하는 발언이었다. 거기에 대해 나는 우리가 지향하는 동아시아 공동체는 어디까지나 '우애'에 기초한 것이며, 따라서 어떤 특정 국가가 동아시아 공동체의 구축을 주도한다는 발상 자체를 버려야 한다는 점을 강조할 필요가 있지 않겠느냐고, 매우 상식적인 대답을 할 수밖에 없었다.

하지만 전반적으로 강연장은 한국이 촛불혁명으로 민주정부를 세움으로써 '희망적'인 사회가 된 것을 매우 부러워하는 분위기였다. 참석자들은 거의 전부라 해도 좋을 정도로 68학생운동을 경험한 고령층이었다. 그들 대부분은 아마도 연금생활자인 듯했다. 사실 내가 봐도 문제였다. 일본의 젊은이들은 사회에 부조리가 넘쳐나도, 총리를 비롯한 정치가와 고위 공직자들이 끊임없이 거짓말을 하는 상황이 계속되는데도, 정치에는 무관심한 채 자신들의 개인생활에 매몰된 잘 길들여진 가축이 돼가고 있다고 누군가 한탄하는 소리가 들렸다. 그게 사실인지 아닌지 나는 잘 모르지만, 한때 세계적으로도 가장 극렬한 투쟁을 전개했던 옛 학생운동가들의 탄식이 절절하게 울려왔다. 그러나 그들의 발언을 들으면서 나는 밤낮없이 스마트폰에 고개를 들이박고 지내는 한국의 젊은이들을 생각하고, 속으로 한없이 불편한 기분이었다.

그러나 뜨거운 히로시마의 햇볕 속을 걸으며, 그리고 히로시마평화공원에서 지금까지 사진으로만 봤던 저 뼈만 앙상하게 남은 '원폭 돔'의 실물을 보고, 공원의 한쪽 구석에 세워져 있는 '한국인 원폭희생자 위령비'를 찾아 헌화를 하며 묵도를 하는 동안에도, 내 뇌리를 집요하게 붙들고 있는 것이 있었다. 그것은 기후변화 문제였다.

기후변화가 세계적 이슈가 된 것은 어제오늘의 일이 아니지만, 금년 여름 세계는 전례 없는 규모와 강도의 열파 속에서 온갖 종류의 재앙을 겪으며 신음하고 있다. 한국을 포함한 아시아 지역은 우리가 경험하는 대로이지만, 서유럽의 기온은 아프리카의 사하라사막 수준이 되었고, 북극권마저 기온이 무려 30도까지 올라 스웨덴에서는 곳곳에 발생한 엄청난 산불을 제어하지 못해 마침내 폭탄을 떨어뜨리는 방법까지 쓰고 있다는 소식이 들린다. 만년설과 빙하의 고장 그린란드는 얼음이 녹아내린 땅이 온통 진창으로 변했고, 그 결과 멕시코만의 해류 속도가 느려져 남대서양의 해수 온도가 상승하고, 그 여파로 남극대륙의 동쪽 빙하가 급속히 붕괴되고 있다고 과학자들은 설명하고 있다.

전쟁은 어쨌든 막아내는 것이 불가능하지는 않다. 핵무기라는 것도 완전히 미치지 않았다면 그 누구도 쓸 수 없는 무기이다. 하지만 기후변화는 본질적으로 차원이 다른 문제다. 물론 화석연료의 대량 소비에 의한 온난화 가스 배출이 주된 요인이라는 점에서 인간사회가 합심을 한다면 못 막을 사태는 아닐 게다. 하지만 대기 중 온난화 가스가 어떤 수준을 넘어버리면 그때는 여하한 노력도 부질없는 것이 돼버린다는데, 지금은 온갖 정황으로 볼 때 그 수준을 넘고 말았다는 과학적 평가가 쏟아져 나오고 있다. 심지어 10~15년 내에 인류를 포함한 고등생물들이 절멸할 것이라고 말하는 과학자도 있다.

이런 상황에서도 세계의 초부유층은 어떻게 하면 자기들만 살아남을 수 있을지 도피할 궁리만 하고, 정치가들은 여전히 경제성장이라는 미신에 붙들려 있다. 히로시마에서 서울로 돌아오자 문재인 정부가 '혁신성장'을 위해 규제 완화를 적극 추진하기로 했다는 뉴스가 나온다. 남들이 부러워하는 '민주정부'도 이럴진대 우리는 어디에서 희망을 찾을 것인가?(한겨레, 2018-8-10)

'한국인의 생각'을 밖에서도 듣게 하자

남북 정상이 만나 화기애애한 분위기 속에서 담소하는 장면을 올해 들어 우리는 벌써 세 차례나 보았다. 게다가 이번에는 북녘 동포들 15만 명 앞에서 남녘의 대통령이 "우리는 함께 살아야 할 민족공동체"라며 평화공존을 강조하는 역사적인 연설을 했다. 그리고 다음 날은 일정이 백두산 천지까지 이어졌고, 거기서 남북의 지도자와 동행자들이 모두 어린애처럼 기뻐하는 모습까지 텔레비전 화면에 비쳤다.

그 장면들을 보는 대다수 한국인은—필시 북녘 동포들도—자기도 모르게 마음이 훤해지는 기분이었을 것이다. 나는 특히 한반도기를 열렬히 흔들며 환영하는 북의 동포들에게 문재인 대통령이 다가가 몇몇의 손을 잡았을 때, 어쩔 줄 몰라 하는 그들의 순진한 표정을 보며 눈시울이 뜨거워졌다. 동시에 가슴 한편에서 순간적으로 통증이 느껴졌다. 이 통증의 의미는 무엇인가? 한반도에서 오랫동안 삶을 공유해온 사람들끼리는 굳이 설명할 필요가 없을 것이다. 하지만 한반도의 역사를 모르고, 65년에 걸친 정전상태에서 서로 총부리를 겨누고 산다는 게 구체적으로 무엇을 뜻하는지 알 리가 없는 외국인들에게 이것을 어떻게 이해시킬 수 있을까?

아닌 게 아니라, 이번에도 국외 언론들의 반응은 우리가 느끼는 것과는 현격한 거리가 있었다. 우리는 남북이 적대관계를 청산하기로 합의했다는 소식, 그리하여 양쪽 국방장관이 군사적 충돌을 막기 위한 일련의 조치를 개시한다는 협약에 서명을 하고, 당장에 휴전선 일대의 지뢰 제거 작업에 들어가기로 했다는 소식을 듣는 것만으로도 말할 수 없는 감격에 잠겼다.

그러나 외국, 특히 서방의 언론들은 북한이 핵무기를 포기하겠다는 '알맹이 있는' 조치를 약속하지 않았다면서 이번에도 회담의 성과를 부정하고 한반도에 돌기 시작한 모처럼의 해빙 기류에 찬물을 끼얹기를 주저하지 않았다. 〈뉴욕타임스〉나 〈월스트리트저널〉을 비롯한 미국의 신문, CNN이나 BBC 등 세계적 방송들도 마찬가지였다. 심지어 통상적인 기업-미디어들과는 달리 비상업적인 경영체제를 유지함으로써 높은 평가를 받고 있는 영국의 대표적인 '중도좌파' 언론 〈가디언〉도 예외가 아니었다(개인적인 얘기를 하자면, 나는 인터넷이 활성화되기 훨씬 전부터 〈가디언〉이 발행하는 주간지 〈가디언위클리〉의 정기구독자였고, 지금도 그렇다. 내가 적잖은 비용과 번거로운 송금 절차를 마다 않고 오래전부터 이 신문을 구독해온 것은 약자 무시, 강자 숭배 논리를 당연시하는 '사이비' 언론들이 횡행하는 세상에서, 때때로 불만스러운 점이 있을지라도, 이만한 정도의 정론지도 없다고 생각하기 때문이다).

나는 3차 남북 정상회담 직후 〈가디언〉의 반응이 궁금해서 찾아보니, 단순한 기사가 아니라 사설을 통해 회담에 대한 거의 직설적인 논평이 개진돼 있었다. 요지는 '말의 잔치일 뿐, 내용이 없다'는 것이었다. 그러면서 또 북한이 속임수를 쓰고 있을 가능성을 제기하고 있었다. 여기서 나는 일본 언론에 관해서는 아예 언급도 하고 싶지 않다. 한때 일본의 리버럴한 언론의 대명사였던 〈아사히신문〉을 포함하여 오늘날 일본의 언론은 거의 예외 없이 '북조선=악'이라는 도식에 갇힌 채 강박적으로 '납치자' 문제를 되뇌고 있을 뿐이다.

그러나 외국의 언론들이 우리의 사정을 몰라준다고 마냥 우리가 불평만 하고 있을 것인가. 생각해보면, 지금 세계의 언론들이 한반도 주민 당사자의 입장을 외면하거나 무시하고 있는 것은 우리 자신에게도 큰 책임이 있다고 할 수 있다. 즉, 우리가 우리 자신의 생각과 기분을 외국인들이 이해할 수 있도록 진지하게 노력해본 적이 있느냐 하는 것이다.

물론 서방의 언론인, 정치인, 지식인들이 한반도 사정을 웬만큼 안다고 하더라도 그들에게는 자신들이 기왕에 누려온 기득권이 있고, 그게 훼손되는 것을 막아야 하겠다는 이기심이 앞설 것이다. 그들이 한반도 문제를 부정적으로 보는 궁극적인 원인도 그 점에 있음이 분명하다. 그러나 직접적인 이해관계를 떠나서, 서방 언론이 한반도 문제를 바라볼 때 거기에는 어떤 선험적인 편견이 강하게 개입돼 있다는 것도 사실일 것이다. 주의할 것은, 그러한 선입관과 편견을 강화하는 데 무엇보다 크게 기여하는 것은 한국의 보수 혹은 수구파 언론이 외국어로 제공하는 해외판 온라인 기사일지도 모른다는 점이다.

반면에, 현재 한국의 '진보파' 언론에 매일매일 실리는 주요 기사, 논평, 칼럼들은 한국어를 읽을 수 있는 한국인과 극소수 외국 독자들에 국한되어 유통되고 있다. 우리는 이 현실이 갖는 엄중한 의미를 숙고할 필요가 있다. 즉, 오늘날 한국어 해독 능력이 없는 외국인이 한국 혹은 한반도 문제에 관한 정보를 얻고자 할 때 그들이 의존할 수 있는 것은 한국에서 발행되는 두 개의 영자신문과 그날그날 영어 혹은 일어, 중국어로 소개되는 '조·중·동' 등 주요 일간지의 일부 논평 및 기사, 그리고 특수 영어방송 채널이 거의 전부라고 할 수 있다. 그런데 문제는, 내 편견일 수 있지만, 외국인들이 비교적 쉽게 접근할 수 있는 이들 미디어는 기본적으로 정치적 성향이 보수 내지 수구파에 가까운(그러니까 대다수 한국인이 보기에는 별로 신용할 수 없는) 사람들로 필진이 구성돼 있기 쉽다는 점이다.

여기서 그들을 수구파라고까지 일컫는 이유는, 그들이 대개 분단체제 덕분에 누려온 자신들의 기득권 내지 이권구조를 포기하지 않으려는 입장을 고수하고 있기 때문이다. 이 점은 지금 평화체제를 구축하려는 현 정부의 노력을 끊임없이 헐뜯는 그들의 비이성적인 태도에 단적으로 드러나 있다. 문제는 그와 같은 편파적이고 왜곡된 논조를 극소수 전문가를 제외한 외국인들은 마치 한국의 다수 여론을 대변하는 것으로 오인하기 쉽다는 점이다. 더 기막힌 것은, 이런 한국 수구파 매체의 일방적인 영향을 받은 외국의 언론인·지식인들이 쓴 글이 한국으로 역수입되어, 이번에는 국내 수구파 언론의 기존 입장을 강화하는 데 활용될 수 있고, 실제로 그렇게 활용되기도 하는 끔찍한 현실이다.

흔히 지적되고 있듯이, 현재 북핵문제의 해결과 한반도 평화체제의 정립 과정에서 최대의 난관은 미국의 군산복합체와 '네오콘', 그리고 그들과 이해를 같이하는 숱한 싱크탱크, 정치가, 언론인, 지식인들이라고 할 수 있다. 그러나 그 와중에도 진실이 무엇인지 찾아보려는 눈들이 없지는 않을 것이다. 그렇다면 그런 양심적인 사람들에게 한국 내의 '다른' 의견이나 관점에 쉽게 접근할 수 있는 통로를 제공하는 것은 우리의 책임이 아닐까. 한 가지 방법으로, 예를 들어 '진보파' 미디어의 해외판을 확충하는 것도 생각해볼 수 있다. 내가 알기로는 현재 〈한겨레〉는 영문판, 중문판, 일문판을 온라인으로 제공하고 있다. 적은 인력으로 노력은 하고 있지만 충분한 자원을 투여하기는 어려운 형편이다. 물론 이런 빈약한 상황은 무엇보다 돈과 인력의 결핍 때문일 것이다.

생각하면, 우리는 개화기 이래 100년도 넘는 세월 동안 외국으로부터 지적, 문화적, 학문적 성과를 오로지 받아들이는 데만 열심이었지, 우리의 입장과 생각을 적극적으로 국외로 발신해보지 못했고, 발신해야 한다는 문제의식도 가지지 못한 채 살아왔다. 그러나 이 상황은 이제 달라져야 한다('한국문학 번역원'이나 학자들에게 영어논문 작성을 권장하는 것으로 이 문제에 대응할 수 없다는 것은 길게 말할 필요가 없다).

한참 늦었는지 모르지만, 지금부터라도 매일매일 주요 언론에 발표되는 지성적이고 양심적인 기사, 논평, 칼럼들을 선별해 우선 영어·중국어·일어로 번역하여 인터넷을 통해 체계적으로 끊임없이 국외로 발신하는 공적 기구 하나쯤은 설립·운영해야 하지 않을까.(한겨레, 2018-10-5)

정치의 생명, 공평무사의 정신

2016년 겨울에서 이듬해 봄까지 우리가 추위를 무릅쓰고 촛불을 들고 광장으로 모여든 것은 무엇 때문이었던가. 단지 국가를 엉망진창으로 만든 무지·무능하고 무책임한 정권을 규탄하고 탄핵하기 위해서였을까. 그래서 정권을 바꾸는 것, 그 자체가 우리의 목적이었던가. 물론 그렇지 않았다. 우리는 이 나라 지배층의 부패와 거짓과 위선에 오랫동안 진저리를 치다가 더는 참지 못하고 '공정한 정치'에 대한 갈망을 표현하고자 광장으로 뛰쳐나갔던 것이다.

되돌아보면, 금년은 참으로 감격적인 해였다. 오랫동안 적대했던 남북의 정상이 세 차례나 만나 친밀히 이야기를 나누고, 북·미 정상도 한 차례지만 우호적인 만남을 가졌다. 한반도 평화체제의 구축에 가까이 다가선 이 역사적인 상황전개는 '촛불혁명'으로 탄생한 정부가 아니었다면 꿈도 꾸지 못할 일이었다. 그 점에서 문재인 정부는 자신의 역사석 소명이 무엇인지를 잘 알고 행동해왔다고 할 수 있다.

그런데 문제는, 남북문제를 풀겠다는 의지와 결단력, 그것을 실행하기 위해 바쳐온 끈질긴 노력과 지혜가 왜 이 사회 내부에서는 발휘되지 않는가 하는 것이다. 왜 출범 후 계속해서 누리던 높은 지지율이 떨어지고, 갈수록 이 정부와 집권당에 불안을 느끼는 사람이 많아지는가?

하기는 문재인 정부의 앞날이 순탄치 않으리라는 것은 처음부터 예견된 일이었다. 꽉 막힌 남북 간의 관계를 트는 일은 대통령의 철학과 의지만으로도 어느 정도 가능하겠지만, 이 사회 내부의 첨예한 갈등과 대립은 몇 곱절의 인내심과 용기와 지혜를 요구할 것임이 분명했기 때문이다. 더욱이 촛불의 힘이 국회를 바꾸는 데까지는 가지 못한 결과로 부패한 수구세력이 국회의 의석 다수를 차지하고 있는 부자연스러운 정치 상황도 계속될 것이었다. 이 상황에서 수구세력이 새 정권의 개혁 노력에 끊임없이 찬물을 끼얹을 것임은 누구나 짐작할 수 있는 일이었다. 그리하여 문재인 정권이 야당과 '협치'를 하지 않으면 성공하지 못할 것이라고 공언하는 식자들이 적지 않았다.

그러나 오늘날 한국의 정치인들에게 우리가 과연 '협치'를 기대할 수 있을까? '협치'에 필요한 최소한의 기본 교양과 인간적 자질이 그들에게 갖추어져 있다고 할 수 있는가? 예를 들어, 엊그제 국회의 예산소위에서 기막힌 장면을 연출한 어떤 의원의 행태는 결코 예외적인 게 아니었다. 한부모 가족을 지원하기 위해 책정된 새해 예산 61억 원을 전액 삭감할 것을 주장하고, 자신의 지역구 사업비로는 800억 원대의 예산을 챙겼다는 의원 말이다. 일설에 의하면 그는 "한부모 지원 사업도 일자리를 만드는 일이라고 생각하고, 정부의 고용문제를 계속 악화시킬" 목적으로, 관계 공무원이 "예산을 삭감하면 아이들을 고아원으로 보낼 수밖에 없다"고 간곡히 호소했음에도 고집을 꺾지 않았다는 것이다. 만약 이게 사실이라면, 지금 이 나라의 정당정치는 사실상 끝났다고 하지 않을 수 없다. 왜냐하면 정당이니 정치니 하는 것은 최소한의 이성과 상식을 전제로 하는 것이기 때문이다.

그런데 국회라는 곳을 이 지경으로 만들어온 것에 현재의 집권당은 책임이 없다고 할 수 있을까? 내가 묻는 것은 국가나 사회가 인간다운 공동체로서 성립하는 데 불가결한 최소한의 윤리적 토대, 즉 '공공심'의 결여를 드러내는 행태가 꼭 수구파 정치인들만의 문제인가 하는 것이다. 이렇게 말하는 것은, 지금 선거법 개정을 둘러싸고 제1, 2당이 보여주는 비열한 모습, 그중에서도 특히 집권당 대표가 드러내는 정직하지도 공정하지도 못한 모습 때문이다. 오늘날 우리는 그동안 익히 보아왔던 거짓과 위선의 정치로는 우리 사회가 절대로 좋은 사회가 될 수 없다는 것을 너무나 잘 알고 있다. 그리고 이러한 정치를 개선하자면, 가장 필요한 현실적인 방책이 연동형 비례대표제의 도입이라는 점은 양식이 있는 학자, 지식인, 정치가들이 대부분 공감하고 있다. 이는 선거관리위원회의 권고사항일 뿐만 아니라, 현 대통령이 후보 시절에 공표했던 핵심적인 공약이기도 하다. 그런데 이제 와서 집권당 대표라는 이가 이 공약의 이행에 앞장서기는커녕 도리어 그것을 무산시키려 하고 있다. 이 상황을 우리는 어떻게 이해해야 할까?

정치가들이 이해득실을 저울질하고, 그에 따라 어떤 행동을 하거나 않거나 하는 것을 우리가 무조건 비난할 수는 없을 것이다. 하지만 현재의 집권당이 오랫동안 늘 취해왔던 자세가 있다. 즉, 자신들이 민주주의자라는 것, 그리하여 자신들이 지향하는 것은 정의롭고 공정한 사회라는 것이었다. 그랬기 때문에 촛불혁명을 완성해줄 것으로 믿고 우리는 그들에게 국가운영의 책임을 맡겼던 것이다. 그런데 이제 와서 자신들의 정파적 이익 때문에 그들은 국민과의 약속을 헌신짝처럼 버리려 하고 있다. 왜 그럴까? 보도에 의하면, 최근 집권당 대표는 어느 집회에서 이렇게 말했다고 한다. "정조대왕 돌아가신 1800년 이후에 제대로 된 개혁·민주 세력이 집권한 건 딱 10년밖에 없다. 이번 기회를 우리가 놓치는 건 상상할 수 없다. 반드시 우리가 잘 준비해서 내후년 총선에서 압승 거둬가지고 2022년 대선에서 압승을 거둘 수 있는 그런 준비를 지금부터

(하자)"라고(〈한겨레〉, 2018년 11월 28일자). 요컨대 '20년 집권'을 위해서는 비례성이 제거된 승자독식 제도가 낫다고 생각하기에 연동형 비례대표제의 도입이 싫다는 것이다.

그런데 공약의 이행을 거부하고, 현실적으로 가능한 가장 합리적인 정치개혁이라고 대부분의 지식인들이 동의하는 제도의 도입을 배척하면서, 이 집권당 지도자가 꿈꾸는 좋은 나라란 어떤 나라일까? 정치적 약속에 책임을 지고 매사에 사심 없는 공공심으로 임하는 것 자체가 좋은 나라, 좋은 사회를 만드는 첫걸음임을 망각하고, '정조대왕' 운운하는 이 발언에는 야바위판 같은 현재의 대한민국 정치의 수준을 조금이라도 높일 수 있는 지혜는커녕 여야의 원시적 대립상황을 더욱 악화시킬게 분명한 독선적인 태도만 날것 그대로 노출되어 있다. 이런 식의 태도로 현 집권당은 당면한 난국을 어떻게 뚫고 나가겠다는 것일까? 한심하다는 말밖에 할 말이 없다.

프랜시스 후쿠야마는 〈역사의 종말〉이라는 유명한 논문을 쓴 정치사상가이다. 그는 1990년대 초 소비에트 사회주의가 붕괴하자 이제 인류에게 남은 유일한 가치있는 정치체제는 서구식 (자유)민주주의라고 주장했으나, 실제로 21세기로 넘어오면서 그 민주주의가 세계 전역에서 쇠퇴일로를 걷는 모습을 목격하지 않을 수 없었다. 그래서 민주주의의 쇠퇴 원인을 규명하기 위해서 또 두 권의 두꺼운 책을 썼다. 그 책들 속에서 그는 '안정되고 평화롭고 번영하는' 국가사회를 위해서는 법치와 함께 무엇보다 공정성에 기반을 둔 책임정치가 필요하다고 역설한다. 그리고 그러한 정치를 설명하는 과정에서, 그는 8세기에 일부 이슬람 국가들에서 행해졌던 특이한 정치적 관행을 주목한다. 즉, 그 국가들에서는 일부러 국외에서 노예들을 수입하여 그들에게 정치를 맡겼다는 것이다. 그렇게 한 것은, 외래객인 노예들에게는 아무런 사적인 연고도 이해관계도 있을 수 없으므로, 그들에 의한 정치는 그야말로 공정할 수 있다고 보았기 때문이다.

이 흥미로운 이야기의 진의는 이해하기 어렵지 않다. 정치의 생명은 공평무사의 정신이라는 것이다. 그런데 후쿠야마가 꼽는 건전한 국가사회의 상징은 덴마크이다. 참고로, 오늘날 덴마크의 국회의원은 전원 비례대표제로 선출된다. 그리고 그들은 이렇다 할 특권도 없이 평균적인 급료를 받으며, 한 명의 비서가 두 의원을 보좌하는 시스템 속에서 간소한 생활을 하면서 열심히 국가에 봉사하는 것 자체를 영예로 여긴다.(한겨레, 2018-11-30)

V. 도망갈 것인가, 싸울 것인가

'민주정권'이 이런 식으로 간다면

'촛불혁명'으로 근 10년 만에 다시 태어난 민주정권이 침로를 잃고 비틀거리고 있다. 이러다가 이 정권도 이전의 민주정권들처럼 실패하고 마는 게 아닐까. 왜 민초들의 고통과 희생과 피눈물로 세워진 민주정권들이 자신의 역사적 과업을 수행하지 못하고 번번이 좌절해버리는 걸까. 이런 식으로 가서 또다시 절망적인 상황을 맞게 된다면 우리는 어떻게 될까.

솔직히, 나는 문재인 정부에 관해 이런 쓰라린 이야기를 하게 되리라고는 생각하지 못했다. 나는 문재인 정부가 들어설 때 민중의 힘으로 민주정권이 탄생했다는 게 너무도 기쁘고 자랑스러웠다. 게다가 세계 곳곳에서 서구식 자유민주주의의 위신이 추락하면서 권위주의적 정권이 속속 등장하고 있는 오늘날의 정치 기류 속에서 다수의 한국인들은 예외적으로 민주주의의 재건을 선택했다는 점에서 우리의 기쁨은 더 컸다. 실제로 문재인 정부의 출발은 매우 쾌적했다. 남북의 적대관계를 영구화함으로써 정략적인 이익을 취하려고만 해온 수구세력과는 정반대로 문재인 정부는 한반도 평화 구축을 위한 매우 진지하고 열성적인 노력을 쏟았고, 아직 가야 할 길은 멀지만 지금까지의 성과만으로도 큰 역사적 공적을 세웠다고 할 수 있다.

그러나 남북문제 이외의 국내 정치와 경제·사회적 문제들에 대한 문재인 정권의 접근방식이나 정책은 무슨 까닭인지 우리가 납득하기 어려운 방향으로 진행되고 있다. 대표적인 게 선거제도 개혁을 둘러싸고 지금 집권 민주당이 보여주는, 좋게 말해서 매우 소극적인, 나쁘게 말하면 매우 치졸한 행태이다.

우리가 잘 알듯이, 오늘날 대한민국 국회의사당은 민의의 대변자들이 진지하게 국사를 논의하는 장소라고 말할 수가 없다. 지금 한국의 국회는 그냥 자신들의 개인적 출세와 성공, 그리고 소속 정파나 계급의 이익을 챙기는 데 혈안이 돼 있는 협잡꾼들의 집합소에 불과하다고 할 수 있다. 하기는 국회의 이런 모습은 어제오늘의 일이 아니다. 1960년 4·19혁명 전야에 당시 태평로에 있던 국회의사당 앞 계단에 홀로 서서 "국회의원 두 개 10원!"이라고 지나가는 행인들을 향해 목청껏 소리를 지르던 젊은 시인이 있었다. 그는 오래전 작고한 '민족시인' 신동엽이었다. 나는 요즘도 태평로나 광화문 네거리를 지날 때 가끔 그 장면을 머릿속에서 그려볼 때가 있는데, 물론 이것은 그 이후 반세기가 훨씬 지난 지금도 대한민국 국회가 본질적으로 달라진 게 없다고 생각하기 때문이다.

국회가 이 꼴인 한, 우리가 '헬조선'을 탈출하는 것은 물론, 기후변화를 비롯한 온갖 엄중한 위기를 헤쳐 나간다는 것은 애초에 불가능한 일이다. 문재인 정부 출범 때 실제로 많은 사람들이 가장 걱정했던 것도 국회였다. 촛불혁명은 입법부의 재편까지는 이루어내지 못했고, 그 때문에 적잖은 의석을 가진 수구세력이 집요하게 민주정부의 발목을 잡을 것임은 예상된 일이었다. 하지만 우리는 집권당인 민주당 자신이 민주주의 원칙을 스스로 허물면서 민중을 배신할 것이라고는 생각하지 못했다.

아마도 지금 민주당은 제1 야당의 시대착오적 행태로 볼 때 다음 총선에서는 압도적 승리를 거둘 것이라고 낙관하기 때문에 현행의 지역구 중심 선거제도를 고수하고 싶어 하는지도 모른다. 그리하여 한없이 꾸물거리다가 여론의 압력에 밀려 엊그제서야 내놓은 그들의 공식적인 개정안은 국회의원 정원 300석을 변경하지 않은 상태에서의 권역별 비례대표제다. 현재의 지역구 의석 중 50개 이상의 감축이 전제돼 있는 이 개정안은 현실성이 조금도 없는 것임을 금방 알 수 있다. 그러니까 지금 민주당은 여론 때문에 선거법 개정에 임하는 척하지만, 내심으로는 선거법을 고치고 싶어 하지 않는 것이다.

어쨌든 현재의 집권 민주당은 오랫동안 민주주의를 신봉하는 정치세력으로 자처해왔고, 일반시민들도 대체로 그렇게 믿어왔다. 그러므로 그들이 민주주의 원칙을 지키지 않으면, 적어도 한국의 공식적 정치공간에서 민주주의가 설 자리는 없어진다고 할 수 있다. 요컨대 싫든 좋든 현재의 한국에서는 민주주의를 살리는 것도, 죽이는 것도 민주당 손에 달려 있다. 그런데 그 민주당이 지금 잔꾀를 부리며 한국의 민주주의를 조금이나마 질적으로 끌어올릴 수 있는 절호의 기회를 무산시키려 하고 있다.

이야기는 여기서 끝나지 않는다. 문재인 정권이 남북문제를 아무리 잘 풀어내더라도 조만간 경제문제라는 벽에 부딪힐 것임은 처음부터 분명했다. 그런데 한반도 평화 구축 프로세스가 느려지면서 정부에 대한 지지도가 내려가자, 정부가 당황한 기색을 감추지 못하고 이것저것 상투적인 대책들을 서둘러 내놓는 것을 보고 나는 무척 놀랐다. 아니, 나 같은 아둔한 서생도 예상할 수 있었던 상황을 정부가 미리 내다보지 못했다는 게 말이 되는가. 정부라는 거대한 국가운영 시스템에는 온갖 전문가와 유식자들의 참여로 경제문제를 풀어갈 치밀한 시나리오가 마련돼 있을 것이라고 나는 그냥 막연히 믿고 있었다. 그런데 정부의 허둥거리는 모습을 보니 그게 아닌 모양이었다.

그러나 내가 보기에 문재인 정권의 최대 문제점은, 경제성장 시대가 끝났거나 끝나가고 있는 오늘날의 세계경제 정세에 대한 명확한 인식이 결여되어 있다는 데 있다. 이 점에 대해서는 이미 일본을 포함한 외국에서는 많은 식자들이 지적해왔고, 최근에는 한국에서도 이 문제를 논증하는 책이 《수축사회》라는 이름으로 출판되었다. 한 증권분석 전문가가 쓴 이 책에 따르면, 성장시대가 끝나고 '수축사회'가 시작된 주요 원인은 인구 감소, 공급 과잉, 상환 불가능한 규모로 커진 부채 등등인데, 수축경제는 앞으로 대략 50년간 계속될 전망이다. 그러나 이러한 좁은 의미의 경제학적 요인을 떠나서, 지구의 생물물리학적 한계 때문에 경제성장이 불가능한 날이 곧 올 것이라고 벌써 수십 년 전부터 생태적 선견지명을 가진 사람들은 끊임없이 경고해왔다. 따져보면, 지금 한국을 포함해서 세계 전역에 걸쳐 발생하고 있는 숱한 재난과 고통과 비극은 근본적으로 정치가, 관료, 언론, 학자, 그리고 소위 경제전문가들이 성장시대가 끝났음을 인정하려 하지 않는 데 기인한다고 할 수 있다.

성장시대가 끝난 상황에서는 경제·사회적 문제들에 대한 대응방식도 근본적으로 달라져야 한다. 그런데도 고용문제에 대한 해법이랍시고 정부는 감옥에 있어야 할 재벌들을 청와대로 초청하여 환대를 베풀고, 시대착오적인 대규모 토건사업의 유혹에 빠져들고 있다. 멀쩡한 광화문 광장을 뜯어고치려고 하는 서울시의 사고방식도 다를 게 없다. 이미 과잉 개발로 온 국토가 몸살을 앓고 있는데, 뒷감당을 누가 하라고 이러는 것일까.

끝없는 팽창을 지향하는 성장경제는 생태계 파괴와 사회적 약자들의 희생 없이는 단 하루도 돌아가지 못하는 야만적인 시스템이다. 민주정부의 성공은 이 파괴와 희생의 구조에 얼마나 지혜롭게 맞서느냐에 달려 있다고 할 수 있다. 이 점은 문재인 정부도 모르지 않을 것이다. 하지만 무익한 헛발질을 거듭하다 보면 자기도 모르게 자본의 탐욕에 포섭되어, 결과적으로 민초들의 삶을 절망적 상황에 빠뜨려 놓을지 모른다. 마치 1994년 인종주의 정권을 종식시키고 남아프리카공화국 최초의 민주정부를 구성했던 넬슨 만델라가 자신의 의도와는 달리 글로벌 자본과 '주류 경제학자들'에 포위됨으로써 끝내는 흑인 민중의 삶을 더욱 절망에 빠뜨린 것처럼 말이다.

지금 문재인 정부에 필요한 것은 성장논리를 과감히 벗어던지고, 민초들의 삶의 궁극적 근거, 즉 지역의 경제와 문화를 살리는 방향으로 급진적으로 전환하는 일이다. 그리고 지역 경제와 문화의 재생에는 소농을 장려하고 에너지 자급 능력을 획기적으로 증대하는 것이 첫째임을 잊어서는 안된다. (한겨레, 2019-1-25)

제발 어른답게 행동하자

2019년 3월 15일, 수많은 10대 청소년들이 세계의 주요 도시들의 거리로 뛰쳐나와 세상의 어른들을 향해 한목소리로 외쳤다. "우리의 미래를 뺏지 마세요. 제발 어른답게 행동해 주세요!"

그들이 이렇게 당돌한 말을 하게 된 것은 그럴 만한 이유가 있다. 지금 지구사회에 닥치고 있는 가장 두렵고 긴박한 사태, 즉 기후변화에 대한 어른들(특히 정치가들)의 너무나 무책임하거나 소극적인 태도를 지켜보고 있던 아이들이 이제 더는 참을 수 없다고 거리로 나선 것이다. 이런 단체행동이 가능했던 것은 세계 각처에 흩어져 살고 있음에도 그들 사이에는 인터넷이나 소셜미디어를 통해 약속이 이루어졌기 때문이다. 그들에게는 이 공동의 행동을 위해 거창한 국제회의 따위는 필요하지 않았다. 세계의 청소년들은 어른들 몰래 자신들의 장래에 대해 깊이 근심하면서, 더이상 어른들을 믿을 수 없다고 생각하게 된 것이다. 한국에서도 지지난 금요일 서울 광화문 세종문화회관 계단 앞에 300여 명의 청소년이 집결하여, 1인당 화석연료 소비량이 세계 최고 수준급인 한국이 "기후악당 국가로부터 탈출"할 것을 촉구했다.

청소년들이 평일에 학교 수업을 '빼먹고' 시위에 나서는 것을 걱정하는 사람들도 있는 모양이지만, 내가 보기에 청소년들의 행동은 완전히 정당하다. 대규모의 화석연료 소비 때문에 기후변화가 초래되었고, 그 진행 상황은 예상보다 훨씬 빠르고 파괴적이라고, 수많은 과학자들이 증언해왔음에도, 오늘날 세계의 주류 사회는 이 엄청난 위기에 대한 근본적인 대책을 끊임없이 미루거나 아예 무시하고 있다는 것은 우리가 잘 알고 있다. 설혹 미국 공화당이나 트럼프 대통령처럼 기후변화를 누군가의 '음모'라고 치부하며 대응 자체가 필요 없다고 뻔뻔하게 말하지는 않더라도, 대부분의 정치·사회 지도층 인사들에게는 여전히 경제력과 군사력의 증강이 중요하지, 기후변화는 부차적인 관심사일 뿐이다.

물론 기후변화에 관한 국제회의가 뻔질나게 열리고는 있으나, 끊임없이 회의만 거듭될 뿐, 회의의 결론이 구체적인 행동으로 이어지는 경우는 극히 드물다. 상황이 이렇게 된 것은 대부분의 정치가, 기업인, 관료, 경제전문가, 학자, 언론인들이 화석연료 사용을 대폭 줄이면 경제가 죽는다는 ─ 경제성장 시대를 통해서 굳어진 ─ 낡은 사고습관에서 벗어나지 못하고 있기 때문일 것이다.

이러한 사고습관은 거의 모든 지식인들의 일상적인 의식과 거동에서도 드러나 있다. 이는 세계 공통의 현상이라고 할 수 있지만, 한국의 경우는 그 정도가 매우 심하다고 할 수 있다. 지금 한국에서 기후변화나 환경문제를 진지하게 생각하고 거론하는 지식인은, 공론장이나 사석을 막론하고, 아직도 희귀종이다. 이른바 '진보파'일지라도 대부분의 관심사는 남북문제, 경제성장, 일자리, 노동인권, 복지 등등에 국한되어 있다. 혹간 그들의 대화 중에 환경문제를 누군가가 꺼낸다면 금세 분위기가 싸늘해질 것이다.

그러니까 결국, 세계의 청소년들은 그들에게는 절체절명의 문제인데도 어른들이 극히 미온적이고 소극적인 태도를 취하는 것에 크게 화가 난 것이라고 할 수 있다. 즉, 그들은 어른들한테 '지금 집에 불이 났는데 대체 뭐 하느냐'고 묻기 위해 등교를 거부하고 거리로 나온 것이다.

이 점을 가장 명확히 하고 있는 것은 스웨덴의 열여섯 살 소녀 그레타 툰베리이다. 최근 한국의 언론에서도 소개된 바와 같이, 툰베리는 이상고온이 북유럽까지 덮친 작년 여름부터 학교는 그만두고 국회의사당 앞에서 1인 시위를 계속하며 스웨덴을 비롯하여 선진산업국 정부들이 기후변화에 대한 실질적인 대책을 강구할 것을 간곡히 요구하고 있다. 그는 그동안 두어 차례 큰 국제회의에서 행한 명연설 때문에 세계적인 저명인사가 되었지만, 그의 연설을 주의 깊게 들어보면 어른들의 위선과 거짓을 거침없이 폭로하는 그 명석한 논리와 단호한 자세에 감탄하지 않을 수 없다. 툰베리는 나중에 환경운동을 하기 위해서라도 지금은 학교에서 열심히 공부할 것을 권하는 사람들에게 "어른들이 무시하는 '과학'을 무엇 때문에 배워야 하냐"고 항변하고, 장래에 기후과학자가 되는 게 어떠냐는 주위의 권고에 대해 "지금 필요한 것은 더 많은 기후과학이 아니라 기후변화를 멈추기 위한 행동"이라고 단호히 말한다. 툰베리의 이런 말을 들으면서, 조금이라도 양심이 있는 사람이라면, 늘 현실의 복잡성과 정치의 어려움을 빌미 삼아 끝없이 사태 해결을 미루고 있는 '어른들'이 미래세대에 대해 지금 얼마나 말도 안되는 죄를 짓고 있는지 새삼 통렬히 깨닫지 않을 수 없을 것이다.

여덟 살에 이미 환경위기를 인지하게 되었고, 그 때문에 우울증을 앓고, 심지어는 일종의 자폐증까지 갖게 되었다는 툰베리의 이야기를 듣고 마음이 아프지 않은 사람이 있을까. 개인적인 얘기지만, 왜 사람들이 알면서도 행동하지 않느냐고, 왜 환경을 걱정한다는 사람들마저 빈번히 항공여행을 하고 육류와 낙농제품을 계속 먹고 있는지 이해할 수 없다는 툰베리의 말을 듣고 있자니 내가 한때 심취했던 철학자 루돌프 바로가 생각났다. 바로는 우리가 땅과 숲과 생명을 살리려면 자동차와 짐승고기를 포기해야 하고, 산업체제 바깥에서 생계를 강구해야 하고, 무엇보다 무기를 버려야 한다고, 그렇게 하지 않는 한, 우리는 '사탄'이라고 역설했던 것이다.

수십 년 전이나 지금이나 이런 '과격한' 주장은 현대사회에서 받아들여질 리 없다. 그 말이 무슨 뜻인지 그 내적 진실을 이해할 수 있는 능력을 가진 사람은 아직도 극소수이기 때문이다. 그러나 근본적인 전환 없이 이대로 상황이 계속된다면 곧 인류사회가 대파국에 직면할 것임도 틀림없는 사실이라고 할 수 있다.

그런데 여기서 중요한 것은, 개개인의 생활방식의 변화 이전에 혹은 그것과 병행하여 국가적 (나아가서는 세계적) 차원의 방향전환이 시급히 이루어져야 한다는 것이다. 우리 각자가 아무리 검소한 생활을 한다 하더라도 대량의 에너지와 물자의 낭비를 강요하는 무역-경제 시스템, 국가적 인프라, 초고층 건물 위주의 도시구조 등이 혁파되지 않는 한, 모든 것은 헛일이기 때문이다. 그러니까 결국, '문제는 정치'라는 결론에 이르게 되는 것이다. 생각이 여기에 미치면, 공공의 정신이 극도로 마비·위축돼 있는 오늘의 정치판을 떠올리지 않을 수 없고, 그러면 우리는 어쩔 수 없이 또다시 절망감에 사로잡히지 않을 수 없다. 그러나 지금은 희망이나 절망을 말할 때가 아니라 '행동'을 해야 할 때라고, '행동'을 통해서만 비로소 희망도 생겨난다, 라고 이 시대의 진정한 '영웅' 툰베리는 말한다. (한겨레, 2019-3-29)

기후변화와 정치적 결단

이 세계에 과연 미래가 있을까? 인류사회의 최대 현안은, 말할 것도 없이, 기후변화 문제이다. 지금 우리에게는 한반도 비핵화를 어떻게 풀어 나갈지가 큰 숙제이지만, 한반도나 동북아시아도 지구사회의 일부이다. 그러므로 설령 한반도에서 전쟁위험이 사라진다 하더라도 기후변화라는 총체적인 파국이 덮치면 그 평화도 결국 무의미한 것이 되고 만다.

그래서 나는 최근에 여러 자리에서 "한반도 비핵화가 우리에게는 절실한 현안이지만, 세계 전체로 보면 녹색화가 더 근본적이고 보편적인 과제다. 한반도 녹색화라는 대명제하에서 비핵화를 추진할 때라야만 비핵화도 의미가 있다. 또 그럴 경우에만 한반도 문제에는 무관심하지만 지구환경 문제에는 비상한 관심을 가진 많은 외국인들을 우리의 우군으로 만들 수 있다"는 요지의 이야기를 해왔다. 그러나 예외가 없진 않지만 사람들의 반응은 대체로 시큰둥하다. 기성세대일수록 고령층일수록 그렇다.

한국인들이 미세먼지 외에 기후변화를 비롯한 토양오염과 사막화, 허다한 생물종의 사멸, 죽어가는 해양생태계 등등, 보다 근본적인 환경위기에 대한 의식이 약한 것은 무엇 때문일까? 먹고살기 바빠서일까? 그러나 비교적 여유가 있는 생활인이나 지식인들도 별로 다르지 않은 것을 보면, 그것으로는 만족스럽게 설명이 안된다. 따져보면, 오늘날 한국은 세계의 손꼽히는 부국 중 하나이다. 국토나 인구로는 큰 나라가 아니지만 남한의 원유 수입량은 세계 7위인 데다 1인당 에너지 소비량은 독일이나 일본을 훨씬 능가한다. 그럼에도 대부분의 한국인이 환경위기에 소극적인 것은 어째서일까?

물론 일차적인 책임은 언론에 있음이 분명하다. 개인적인 이야기지만 내게는 언론 지면을 들여다보는 게 갈수록 공허하게 느껴진다. 새삼 말할 필요도 없지만 우리의 언론 지면은 정치권의 유치한 말싸움, 유명 인사나 '스타들'에 얽힌 가십성 기사, 사회적 부조리나 불의에 대한 단세포적 고발과 폭로, 너절한 해외여행담, 상투적인 '위로'와 '힐링' 등등, 시시한 잡담으로 늘 넘쳐난다. 한국의 언론만 보고 있으면 지금 세계가 얼마나 절박한 위기에 처해 있는지 인류문명이 어떻게 붕괴 직전까지 왔는지 거의 알 수 없게 돼 있다.

그러나 언론보다 더 크고 직접적인 책임이 정치가들에게 있다는 것은 말할 것도 없다. 나는 오랫동안 거짓과 위선의 정치에 치를 떨면서 상식과 이성을 존중하는 '민주정부'의 등장을 학수고대하며 살았다. 과연 기대한 대로 집권 초기에 문재인 정부는 매우 합리적인 모습을 보여주었다. 예를 들어 원전문제를 '공론조사'를 통해 해결하려는 시도 등은 국민주권의 원칙에 충실한 자세로 평가될 수 있는 것이었다.

그리고 무엇보다 높이 평가되어야 할 것은 한반도 평화를 위한 문재인 정부의 열성적인 노력이었다. 하지만 하노이 회담 결렬 이후 그 평화 구축 과정이 교착상태에 빠지고 초기의 압도적인 지지율이 급격히 가라앉는 분위기에서 다시 기세가 살아난 수구파 정치세력의 무차별적 사보타주로 국회가 기능 부전에 빠져 있는 동안, 문재인 정부는 어딘가 나침반을 잃고 헤매는 모습을 노정하기 시작했다. 하기는 사사건건 발목을 잡는 제1 야당의 시대착오적 행태가 고쳐지지 않는 한 문재인 정부의 개혁 노력이 —그게 무엇이든— 성공할 가능성은 크지 않다고 할 수 있다. 그렇다면 우리는 막연히 이 상황이 끝나기만을 기다려야 할까? 마치 자신들을 구해줄 '야만인들'을 막연히 기다리고 있던 멸망 직전의 로마인들처럼?

하기는 오늘날 정치가 문제 해결의 열쇠이기는커녕, 정치 그자체가 가장 골치 아픈 문젯거리가 되어 있는 현상은 한국만의 것이 아니다. 아마도 선거로 정치가들을 뽑는 거의 모든 나라의 정치가 기본적으로는 이렇다고 할 수 있다. 실제로 대부분의 국가에서 정치가들이 임기 내내 하는 일이란 다음 선거에서 또 이기기 위한 궁리가 전부라고 해도 과언이 아닐 것이다. 그 외의 문제는 그들에게 모두 부차적인 관심사일 뿐이다.

이 점과 관련해서 매우 흥미로운 발언이 지난 4월 23일 스웨덴의 10대 소녀 그레타 툰베리가 영국 의회에서 행한 연설에서 나왔다. 지금 기후변화에 대해 세상의 어느 누구보다도 민감한 이 소녀는, 영국의 국회의원, 장관, 언론인, 일반시민들을 향한 연설에서 "지금 정치가들은 인기를 잃을까 봐 두려워서 녹색성장에 관한 이야기를 하고 있습니다"라고 말했는데, 이는 오늘날 대의제 정치가 어째서 기후변화에 대한 근본적인 대응을 하지 못하고 있는지 그 원인을 명쾌히 드러낸 말이라고 할 수 있다. 즉, 지구환경을 위해서는 산업의 대폭적 축소가 필요함을 모르지 않는 정치가일지라도 선거에서 승리하려면 성장논리에 깊이 중독돼 있는 유권자들의 비위를 맞추지 않을 수 없고, 그 때문에 '녹색성장'이라는 기만적인 말장난을 하고 있다는 점을 이 어린 소녀가 날카롭게 지적한 것이다.

생각해보면, 인류사회가 기후위기에 옳게 대응하기 위해서는 이 상황을 예컨대 제2차 세계대전보다 더 긴급한 비상상황으로 간주하고, 이를테면 '녹색 총동원 체제'를 강구하는 게 시급하다고 할 수 있다. 그렇다면 대의제 정당정치가 과연 이러한 비상상황에 대응할 능력이 있을지 혹시 중국이나 러시아와 같은 권위주의적 통치체제가 더 효과적인 시스템이 아닐지 따져볼 필요가 있을지도 모른다.

하지만 우리는 여우를 피하려다가 호랑이한테 잡아먹히는 어리석음을 자초할 수는 없다. 중요한 것은 지금과 같은 대의제 민주주의만으로는 결코 위기상황을 타개할 수 없다는 점을 직시하고, 예를 들면 '숙의민주주의'와 같은 제도를 적극 도입·활용함으로써 국민 대다수가 공감할 수 있는 정치적 합의를 만들어내는 일이다. 돌아보면 대의제 민주주의는 산업혁명기에 발흥하여 근대적 산업체제와 더불어 성장해왔다. 그러므로 기후변화라는 근본적 한계에 부닥침으로써 근대적 산업체제의 수명이 사실상 끝났듯이 대의제 정당정치도 이제 근본적인 탈바꿈이 필요한 단계에 도달했다는 것을 우리는 깊이 성찰하지 않으면 안된다.

지금은 과거 어느 때보다도 과감한 정치적 결단이 요구되는 시기이다. 기후과학자들에 의하면 향후 12년, 즉 2030년까지가 결정적인 기간이다. 그 기간 내에 화석연료에 기반을 둔 산업체제를 극적으로 청산하지 않는다면 대파국은 필연적이라는 과학적 경고를 우리가 무시할 수 없는 한, 우리는 언제까지나 정치적 결단을 미루면서 우물쭈물 이대로 갈 수는 없다. 미국이든 한국이든 그 어디서든, 국가의 의사결정 시스템을 근본적으로 변경하기 위한 치열한 논의가 시급하다고 할 수 있다.(한겨레, 2019-5-24)

도망갈 것인가, 싸울 것인가

아무리 둔하다고 해도 오늘날 세계 최대의 긴급 현안이 기후위기라는 사실을 모르는 사람은 없을 것이다. 하기는 지구온난화를 인정하지 않는 사람들도 여전히 존재한다. 극히 예외적인 경우를 제외하고, 이들은 현재와 같은 탄소문명의 계속적인 유지·확대를 통해서만 자신들의 특권적인 이익이 지켜진다고 생각하는 부류들이다. 그들을 대변하는 가장 큰 정치세력은 물론 도널드 트럼프와 미국의 공화당이다. 지구사회 전체를 생각하면 이 중요한 시기에 트럼프라는 극단적으로 비상식적인 인간이 미국의 최고 결정권자가 되어 있다는 사실은 엄청난 액운이라고 하지 않을 수 없다.

어쨌든 기후변화는 지금 가속적으로 진행 중이다. 무엇보다 세계적인 언론들이 이 문제를 대하는 태도에서 상황의 절박성이 더 확실히 느껴진다. 지난 수십 년간 늘 부차적인 이슈로 밀려나 있던 기후문제가 최근 들어 세계의 주요 언론들에서는 거의 하루도 빠지지 않는 핵심 이슈가 된 것이다. 게다가 전통적으로 환경위기에 대해서는 항시 소극적으로 반응해왔던 세계 각지의 크고 작은 '좌파' 언론들도 이제는 날이면 날마다 기후문제에 대해 다급한 목소리를 내고 있다.

그런데 무슨 까닭인지 유독 한국의 언론들은 태평스럽다. 오늘도 우리 언론들의 지면은 악화된 한일 관계에 대한 기사와 논평들로 도배되어 있다. 물론 이 문제가 중요하지 않다는 얘기가 아니다. 그러나 한일 관계가 이 지경이 된 것은 단지 한·일 간의 역사청산 문제나 외교적 실패 때문만이 아니다. 그 배경에는 나날이 심화되는 환경위기, 자원고갈, 그리고 성장시대의 종식으로 인한 경제적, 사회적, 정치적 시스템의 전반적 기능부전 상태가 있다는 사실을 우리는 놓쳐서는 안된다. 흔히 우리가 간과하고 있는 점이지만, 그동안 한일 관계가 매끄럽지는 않더라도 이토록 적대적인 관계로까지는 발전하지 않았던 주된 이유는 한·일 양국이 어떻게든 경제성장을 계속할 수 있었기 때문이라고 할 수 있다. 그런데 성장시대가 저물자 일본 지배층의 우경화가 극단화되고, 이에 대한 한국정부의 서툰 대응이 겹쳐져 지금과 같은 최악의 상황이 벌어졌다는 것을 우리는 냉정히 돌아볼 필요가 있다.

하지만 이러한 심층적인 배경을 주목하지는 않고, 여전히 그저 누가 옳고 그른지, 누가 더 손해를 보느냐 마느냐 따위의 매우 감정적이고 수준 낮은 언설들만 난무하는 게 현재 한국 언론의 현실이다. 이런 식으로 가서는 한일 관계가 진정으로 개선될 리도 없고, 양쪽 모두 한 걸음이라도 더 진전된 사회적 진화를 이루어낼 수 없음은 더 말할 것도 없다.

물론 나는 모든 게 환경위기 탓이라고 주장하려는 게 아니다. 그러나 현재 세계 어느 나라든 공통적으로 직면해 있는 경제적, 사회적, 정치적 난제들은 근본적으로 지구 생태계의 붕괴―자연자원의 고갈과 쇠퇴, 토지의 사막화, 대기와 물의 오염, 숲의 파괴, 해양 생태계의 파괴, 생물종의 급속한 사멸 등등―와 내적으로 긴밀히 연결되어 있다는 것은 틀림없는 사실이다. 그러므로 이런 근본적인 사실을 외면하거나 경시하는 한, 난국을 극복하려는 모든 상황 진단과 처방은 초점이 빗나간 헛수고로 끝날 가능성이 대단히 높다고 할 수 있다.

말할 필요도 없지만, 이런 상황에서 가장 중요한 것은 언론의 역할이다. 언론이 진지한 문제의식을 가지고 열성적으로 보도·논평을 하지 않으면, 대부분의 시민은 기후위기라는 절체절명의 주제에 대해서도 둔감할 수밖에 없다. 지금 세계의 주요 도시들에서는 청소년들이 학교 수업을 거부하고 거리로 나와 절규하기 시작했다. 그들은 자기들이 살아가야 할 지구라는 집에 불이 났는데, 어른들이 불을 끌 생각은 하지 않고 엉뚱한 짓들을 하고 있다고 강력히 항의하면서 긴급 대책을 요구하고 있다. 그런데 이들과 보조를 맞춰 서울의 광화문 광장에서도 열리고 있는 10대 학생들의 집회는 아직 소규모인 데다가 참가자 중 상당수는 외국인학교 학생들이다. 이 점을 우리는 어떻게 이해해야 할까. 오늘날 청소년들은 어디서든 스마트폰에 빠져 산다고는 하지만, 그것은 세계의 공통적인 현상이다. 그런데도 왜 우리 청소년들만 기후위기에 미온적으로 반응하고 있을까. 이는 언론의 직무유기를 빼놓고는 설명하기 어려운 현상이다. 만일 이와 같은 직무유기가 더 길게 지속된다면, 어차피 생태적 위기로 인해 모든 게 달라질 앞으로의 세상에서 한국사회는 구제 불능의 낙오자로 떨어질 게 분명하다.

그러나 나는 우리 언론들이 정말 사태의 심각성을 몰라서 직무유기를 하고 있다고는 생각하지 않는다. 따지고 보면, 생태적 위기라는 것은 기본적으로 지금까지 인간사회가 직면해 왔던 숱한 난제와는 전혀 차원을 달리하는 문제라고 할 수 있다. 그것은 난국에 부딪힐 때면 으레 인간사회가 해왔던 방식, 즉 더 많은 자원과 에너지, 그리고 혁신적인 기술을 투입함으로써 돌파할 수 있는 문제가 아니라, 종래의 정신습관과 생활 관행과 사회적 규칙들을 급진적으로 변환시킴으로써만 해결의 실마리를 찾을 수 있는 문제이기 때문이다. 따라서 이토록 골치 아픈 문제를 직시하기보다는 가능하다면 회피하고, 도망가고 싶은 심정은 어쩌면 인지상정인지도 모른다.

그런데 주목할 것은, 오늘날 세계적으로 절대적 권력을 누리고 있는 '초부유층'도 지금은 도망갈 궁리만 하고 있다는 사실이다. 간간이 들려오는 이 방면의 뉴스에 의하면, 그들 중 일부는 버려진 지하 핵기지 따위를 매입·개조하여 거대한 인공도시를 건설하여 거기에 거처를 마련할 궁리를 하고 있거나, 혹은 기후변화로 인한 피해가 상대적으로 덜할 것으로 예상되는 땅으로 이주할 궁리를 하기도 하고, 또다른 일부는 지구공학을 통해서 온난화를 막을 수 있다는 계산으로 첨단기술 개발에 집중 투자를 하는가 하면, 심지어 어떤 자들은 우주 공간에 공장을 세워 가난한 노동자들을 거기로 보내놓고는 자신들은 지상에서의 안온한 삶을 즐겨보겠다는 꿈을 꾸고 있다는 것이다.

막강한 금권과 정치적 영향력까지 가진 부호들이 왜 생태적 균형의 복원이라는 건강한 해법을 찾는 데 관심을 보이지 않고, 도망갈 궁리에 열중하고 있을까. 정말 이해할 수 없는 심리라고 하지 않을 수 없다. 일찍이 '미나마타의 작가' 이시무레 미치코(石牟禮道子)가 말했듯이, 인간정신이 그만큼 '쇠약'해졌다는 뜻일까. 그러나 우리에게 인간의 존엄과 책임에 대한 감각이 아직 조금이라도 살아있다면, 우리가 마땅히 선택해야 하고 또 선택할 수 있는 길은 결국 하나뿐이다. 즉, 도망가지 않고 싸우는 것이다. 물론 그것은 무엇보다 자신과의 싸움이면서 동시에 급진적인 사회변혁을 이끌어내는 싸움이어야 할

것이다. (한겨레, 2019-7-19)

툰베리의 결기

소형 요트를 타고 2주 만에 뉴욕에 도착한 그레타 툰베리, 올해 열여섯 살인 이 스웨덴 소녀는 어느새 세계적인 인물이 되었다. 지난해 가을부터 학교로 가는 대신 국회의사당 앞으로 가서 1인 시위를 시작한 이후 그는 "우리의 집(지구)에 불이 났는데, 어른들은 왜 딴짓만 하고, 불을 끌 생각을 하지 않나요?"라는 질문을 집요하게 되풀이해왔다. 이 단순 명료한 메시지는 그 자체로 강력한 호소력을 가졌을 뿐만 아니라, 무엇보다 말과 행동 사이에 조금도 어긋남이 없는 그의 모습에서 지금 많은 사람들은 너무나 순수한 진정성을 느끼고, 그 절실한 호소에 귀를 기울이고 있는 것으로 보인다.

한 소녀가 요트를 타고 대서양을 건넜다는 것은 그 자체로는 신기할 것도, 별로 찬양할 만한 일도 아닐 것이다. 그러나 말이 좋아서 요트 항행이지, 툰베리의 이번 여정은 화장실도, 샤워시설도 없는 것은 물론, 인터넷도 연결되어 있지 않은, 거의 바람의 힘에 의지하여 움직이는 조그마한 요트를 타고 광대한 해양을 가로지르는 항행이었다. 결코 쉽고 편안한 여행이 아니었다.

그럼에도 이 바삐 돌아가는 세상에서 굳이 그런 여행수단을 택한 것은 오늘날 환경파괴의 주범 중 하나, 즉 비행기를 타지 않으려는 결심 때문이었다. 툰베리는 자신이 가장 이해할 수 없는 것은, 오늘날 환경운동가들조차 끊임없이 항공여행을 하고 거리낌 없이 (공장식 축산물인) 육류를 먹는 행동이라고 어느 집회에서 말한 적이 있다. 그러니까 적어도 자신은 절대로 비행기를 타지 않겠다는 단호한 자세를 이번의 대서양 횡단 항행을 통해서 보여주고 싶었는지도 모른다. 게다가 뉴욕에 도착한 직후 어떤 언론인과 나눈 대담에서 툰베리는 자신의 사적 생활에 관련해서 또한번 경악할 만한 발언을 했다. 즉, 자기는 현재도 새로운 옷을 사 입지 않고 있지만, 앞으로도 그럴 것이라고 말한 것이다. 요컨대 지구를 이토록 망가뜨려온 소비주의 문화에 자기만이라도 참가를 거부하겠다는 결의를 그런 식으로 표현한 것이다. 칠십, 팔십이 넘은 노인이라면 모를까, 아직 10대인 소녀가 환경파괴에 대한 걱정 때문에 옷도 새로운 것을 사 입지 않겠다고 말하는 이 단호한 태도, 지구를 살리기 위해 자신이 할 수 있는 모든 것을 하겠다는 이 놀라운 집중력에 대하여 우리는 어떻게 반응해야 할까?

우리들 대부분은 지금 환경을 걱정하고, 기후변화에 대한 우려를 표명하면서도 늘 생각(혹은 말)과 행동이 따로 도는 생활에서 벗어나지 못한 채 어정쩡하게 살아가고 있다. 이른바 환경운동에 생애를 바치고 있는 사람들도 예외가 아니다. 예를 들어 미국의 대규모 환경단체들 중에는 회비나 일반시민들이 낸 후원금을 '굴려서' 더 큰 돈으로 만들기 위해 주식투자를 하는 경우도 드물지 않고, 또 우리가 잘 아는 나라의 어떤 환경단체가 주관하는 주요 연례행사 중에는 (한번 움직일 때마다 자동차 수백만 대분의 대기오염 물질을 뿜어내는) 크루즈선을 타고 연근해를 돌면서 몇날 며칠 동안 진행하는 선상토론이라는 것이 있다고 한다. 그러니까 자신의 애초 목적에 충실한 운동인지, 조직을 유지·확대하기 위한 비즈니스 활동인지 분간하기 어려운 애매모호한 현상이 환경운동권에서도 흔히 일어나고 있는 것이다.

이런 현상이 발생하는 원인은 무엇일까? 거두절미하고 말한다면, 자연환경이 끊임없이 훼손·오염되고 무수한 생물종이 멸종되어가고 있는 상황에서 인간정신이라고 해서 온전한 상태로 있기는 극히 어렵기 때문일 것이다. '미나마타병'이라는 비극적인 산업재해의 문명사적 의미를 생애 마지막까지 캐물었던 작가 이시무레 미치코의 표현을 빌려 말하면, 지금은 "인간정신이 극도로 쇠약해진" 말세 중의 말세이다. 그러므로 훌륭한 목적을 위해 출발한 일이 도중에서 방향이 흐려지거나 변질되는 것은 조금도 이상할 것이 없는 상례인지도 모른다.

'말 따로, 행동 따로'라는 현상은 오늘날처럼 근본적으로 뒤틀린 세상에서는 강인한 정신력의 소유자가 아니라면 누구든 노출할 수밖에 없는 '실존적 한계'라고 할 수 있다. 더욱이 환경운동이라는 것은 다양한 사회운동 가운데서도 가장 큰 딜레마를 처음부터 내포하고 출발한 운동이다. 즉, 환경을 지키려는 운동을 하면 할수록 환경에 대한 부담이 가중되는 역설적인 논리를 감수해야 하는 것이 환경운동의 본질이기 때문이다. 그리하여 툰베리가 매우 이상하게 여기는 사태, 즉 고명한 과학자들이나 환경운동가들이 밤낮없이 비행기를 타고 돌아다니는 기이한 현상이 일어날 수밖에 없는 것이다(캐나다의 원로 환경운동가 데이비드 스즈키는 몇해 전부터 항공여행을 해야 하는 강연은 중지하고, 그 대신 영상을 이용한 강연을 한다는 원칙을 정하고 실천하는 것으로 알려져 있다).

이런 착잡한 상황에서, 지금 서양에서는 무너지는 자연환경을 지키기 위한 마지막 수단으로 스스로 목숨을 끊는 사람들도 생겨나고 있다. 기후위기에 둔감한 동료 시민들에게 강력한 경고를 하기 위해서, 혹은 자기 한 사람이라도 사라지면 지구가 그만큼 건강을 되찾을 확률이 높아질지도 모른다는 절박한 심정으로 그렇게 결행하는 것이다. 물론 이들은 아직은 극소수이고, 따라서 이에 대한 언론보도도 거의 찾아볼 수 없다.

하지만 지금은 미미한 듯 보여도 이것은 매우 불길한 미래를 예고하는 신호일 수도 있다. 왜냐하면 인류사회는 파국적인 기후변화로 멸망하기 전에 인류 가운데 가장 순수하고 맑고 민감한 영혼들이 사라지거나 병들어버린 결과로 속절없이 붕괴할 가능성도 있음을 그것은 암시해주기 때문이다(실제로 최근 만난 한 젊은 농부도 그런 의미의 '자살'에 대해 생각하고 있다는 얘기를 했다. 나는 절대로 그런 생각은 하지 말고, 우리가 할 수 있는 데까지 성실하게 노력하다가 가면 되는 것이지, 세상을 살리겠다고 뭔가 비상한 행동을 해야겠다고 작심하는 것도 '교만심'의 발로일 수 있다고 말했으나, 그렇게 말하는 내 마음이 편할 수는 없었다).

그런 점에서 툰베리의 결기에 찬 말과 행동은 우리에게 큰 용기를 준다고 할 수 있다. 게다가 툰베리는 오늘날 환경문제에 대한 해결이 왜 이토록 어려운지 그 근본적인 이유를 누구보다 잘 알고 있는 것으로 보인다. 지난봄 영국 하원에서 행한 연설 중에서 "대중의 지지를 잃을까 봐 '더 많은 성장'을 끊임없이 약속하고 있는" 정치가들의 위선과 거짓을 날카롭게 비판한 대목에서 그 점을 분명히 느낄 수 있다. 장기적인 비전도, 최소한의 책임감도 없는 저열한 정치가 이대로 계속된다면 구원의 가능성은 제로라는 것을 이 영민한 소녀는 명확히 인지하고 있는 것이다.(한겨레, 2019-9-20)

비무장 중립국이라는 큰 그림

최근에 나온 《배를 돌려라―대한민국 대전환》(2019)은 매우 중요한 책이다. 저자 하승수 씨는 녹색당 창당의 주역일 뿐만 아니라, 비례대표제 확대를 위해 지난 수년간 불철주야 헌신해온 시민운동가이자 '진보적' 논객이다. 그런데 이 책에서 크게 눈에 띄는 것은, 그가 '큰 그림'의 중요성을 강조하는 대목이다. 그는 해방 후 실시된 '농지개혁'의 예를 들어, 지금 그와 유사한 과감한 사회개혁의 필요성을 절실한 어조로 말하고 있다.

지금 국회는 완전 마비상태이고, 대통령은 남북관계 개선에 매진한 것 외에는 촛불정부를 자임한 취임 초의 '장엄한 약속'은 어느새 희미해져가고 있다. 마치 콘스탄티노스 카바피스의 〈야만인들을 기다리며〉라는 시에 묘사된 것을 방불케 하는 풍경이라고 하지 않을 수 없다. "원로원 의원들이 자신들의 임무는 팽개치고 오로지 야만인들이 와서 구원해주기만을 바라는" 모습이 그려져 있는 이 시에서, 우리는 철저한 무책임과 무능 탓에 아무것도 결단하지 못하고 막연히 큰 '이변'이 일어나기를 기다리는 속수무책의 정치상황을, 전율을 느끼며 볼 수 있다.

나는 현재 우리나라(그리고 나아가 세계 전체)의 정치적 기능부전 상태는 고도의 산업기술문명 속에서 우리들의 시야가 갈수록 좁아지고, 정신력이 쇠약해지고 있는 점과 무관하지 않다고 생각한다. 실제로 우리는 '큰 그림' 없이는 실종된 사회정의를 되찾을 수도 없고, 임박한 생태적 위기를 타개할 수도 없다. 그런 점에서 지금 우리를 구원할 수 있는 힘은 상상력을 키우고, 마음을 크게 갖는 것에서 나온다고 할 수 있다. 따라서 우리는 다소나마 낯선 풍경을 자주 접함으로써 우리 자신의 왜소한 정신세계로부터 탈출하려는 시도를 계속 이어나갈 필요가 있다. 코스타리카 이야기가 중요한 것은 그 때문이다.

현대 세계에서 군대 없는 나라가 있으랴 싶지만, 실제 그런 나라가 있다. 아이슬란드와 코스타리카가 그렇다. 아이슬란드는 북대서양의 외딴 섬나라이니 예외적이라 할 수도 있다면, 정말 흥미로운 나라는 코스타리카다. 놀랍게도 소규모 도시국가도 아닌, 인구 500만 명의 버젓한 근대국가가 1949년에 헌법에 군대 폐지를 명시하고, 그 상태를 계속 유지해왔기 때문이다. 영세중립국 스위스도 군대를 보유하고 있다. 스위스는 10만 명 이상의 상비군에다가 유사시에 즉시 동원 가능한 10만 명의 예비군을 보유하고 있는 무장 국가다.

《군대를 버린 나라―코스타리카 사람들의 평화 이야기》 (2009, 번역본은 2011)라는 일본인 청년이 쓴 책을 보면, 코스타리카가 군대를 없앤 배경이 자세히 설명되어 있다. 원래 군대를 없애자고 제일 먼저 제안한 것은 뜻밖에도 국방장관이었다. 오랫동안 라틴아메리카는 빈발하는 쿠데타 때문에 세계에서도 가장 불안한 지역이었다. 그 상황에서 군대의 폐지란 쿠데타 방지책으로 유효한 방책이기는 했을 것이다. 하지만 군대의 최고 지휘자가 이를 발의하고, 대통령이 수용한다는 것은 비상한 용기가 없으면 안될 일이었음이 분명하다.

군대를 없앤 후, 코스타리카는 별문제 없이 주권과 평화와 민주주의를 지켜왔다. 두어 차례 니카라과의 공격을 받았지만, 그때마다 외교력을 발휘하여 위기를 넘겼다. 그 외교가 성공할 수 있었던 것은, 말할 것도 없이, 자신이 비무장 국가였기 때문이다. 아무리 오늘의 국제질서가 약육강식의 논리로 돌아간다고 하지만, 국제법이 있고 명분을 중시하는 국제관계라는 게 있다. 그러니까 코스타리카는 비무장 국가가 됨으로써 도리어 더 큰 힘을 갖게 된 것이다.

군대를 없앰으로써 얻는 구체적인 이익은 무엇인가. 우선 막대한 국방예산이 필요 없어졌으니 당연히 그 돈을 빈민에 대한 지원, 교육과 의료, 사회보장 강화에 쓸 수 있다. 그러나 그보다 더 중요한 이익은 대다수 국민의 심리와 정서가 극히 평화스러워진다는 점이다. 실제로 군대를 폐지하고도 문제가 없음을 체험한 코스타리카 국민들은 국가권력에 대한 두려움이 없어지고, 오히려 국가와 자신의 일체화를 느끼게 되었다. 근대국가란 '정당한 폭력행사를 독점하고 있는 조직체'이다. 따라서 국가질서는 기본적으로 '큰 폭력이 작은 폭력들을 억압하는' 방식으로 유지된다고 할 수 있다. 겉으로는 평화로운 얼굴을 하고 있지만 국가권력은 언제라도 괴물로 변할 수 있다. 그 때문에 국민들에게는 늘 잠재적인 국가공포증이라는 게 있게 마련이다.

그런 점에서 코스타리카 국민은 오늘의 세계에서 예외적인 '자유인'이라고 할 수 있다. 코스타리카는 반세기 이상 라틴아메리카에서 가장 안정된 민주주의를 유지해온 나라로 알려져 있다. 이 나라의 민주주의의 질을 증언해주는 흥미로운 에피소드가 있다. 2003년 이라크 침공 시, 미국은 최소한의 명분 확보를 위해서 유엔의 승인을 얻으려 했지만 실패하자, 영국·일본·한국 등 만만한 동맹국들로부터 전쟁 지지 표명을 얻어냈다. 어떤 경위인지 모르지만 코스타리카도 거기에 동참했다. 그러자 한 대학생이 대통령이 헌법을 위반했다고 제소를 했고, 헌법재판소는 대통령의 행위가 위헌적이라는 판결을 내렸다. 그 결과 대통령은 이라크전쟁 지지 명단에서 코스타리카를 삭제해달라고 미국에 요청하지 않을 수 없었다.

또한 코스타리카는 인간이 '자유인'으로 살면, 얼마나 생각이 넓어지고 지혜로워지는지를 잘 보여준다. 지금 농어업과 관광업 중심으로 경제가 돌아가고 있는 코스타리카에서 대다수 국민은 아름다운 자연을 보존해야 한다는 생각으로 과도한 공업화를 반대하고 있다. 그래서 코스타리카에는 호사스러운 호텔도, 대규모 골프장도, 카지노 따위도 없다. 그들은 외국인들이 세계 어디서나 흔하게 볼 수 있는 5성급, 6성급 호텔에 투숙하고 골프를 치고 도박을 하기 위해 코스타리카로 오는 게 아니라 빼어난 자연경관과 평화로운 사회를 보러 온다고 생각한다. 부러울 정도로 건강한 상식이 살아있는 나라라고 하지 않을 수 없다.

우리는 한국이 분단국가인 이상, 군대를 없애는 것이 불가능하다고 생각하기 쉽다. 하지만 그런 고착관념이 바로 우리를 가두고 있는 근원적인 질곡임을 잊어서는 안된다. 지금 당장은 아니라도, 언젠가는 군대 없는 나라가 될 거라는 신념이야말로 가장 중요하다고 할 수 있다. 왜냐면 그런 신념의 유무에 우리가 지향해야 할 방향이 결정되기 때문이다. 오늘날 한국에는 남한의 자본과 기술이 북한의 자원과 노동력과 결합됨으로써 우리 민족이 '웅비'할 수 있다는, 낡은 성장시대의 왜소한 생각에 갇혀 있는 사람들이 꽤 있다. 그간 겪어온 분단의 고통을 헛되이 하지 않기 위해서라도, 우리는 마음을 크게 먹고 '큰 그림'을 그릴 수 있어야 한다. (한겨레, 2019-11-15)

VI. 코로나 환란, 기로에 선 문명

불타는 지구, 무책임한 정치

새해가 되었다지만 세상은 여전히, 아니 갈수록 흉흉해지고 있다. 암담한 장래 때문에 나라를 떠나고 싶다는 젊은이들이 크게 늘고 있다는 여론조사는 우리의 마음을 몹시 쓰리게 만든다. 그 젊은이들을 너그럽게 받아줄 외국은 있는가. 지금은 난민의 시대, 떠돌이 유민들이 창궐하는 시대이다. 그런데 자세히 보면, 오늘날의 난민은 기본적으로 '환경난민'들이라고 할 수 있다. 예를 들면 유럽과 미국에서 가장 골치 아픈 현안이 되어 있는 이슬람 난민들이나 중남미 난민들은 무엇보다 극심한 가뭄과 기근으로부터 살아남기 위한 유랑민들이다. 좀 더 극적인 경우는 차오르는 바닷물 때문에 거주가 불가능하게 된 남태평양 섬들의 주민들이다. 이들 중 일부는 국제원조 기관과 이웃나라들의 도움으로 큰 육지로 이주하는 게 지금까지는 가능했으나 앞으로 어떻게 될지는 심히 불투명하다. 지금은 곤경에 처해 있지 않은 나라가 없기 때문인데, 대표적인 예는 오스트레일리아라고 할 수 있다.

그동안 남태평양 섬나라 사람들의 이주를 도와준 그 오스트레일리아가 지금 걷잡을 수 없는 삼림화재로 아비규환이다. 지금까지 남한 면적의 절반이 불에 타버린 오스트레일리아 남동부는 문자 그대로 폐허가 되고 말았다. 사진으로만 봐도 이 지역 최대 도시 시드니의 하늘은 온통 핏빛인 데다가 자욱한 연기가 도시 전체를 뒤덮고 있다. 그 짙은 연기 속으로 집을 버리고 떠나는 사람들, 남자, 여자, 어른, 아이 할 것 없이 모두들 미친 듯이 헬리콥터 쪽으로 뛰어가는 모습은 지구 종말의 날을 그린 영화 장면과 조금도 다르지 않다. 보도에 따르면, 벌써 스무 명 이상의 인명이 희생되었고, 많은 집과 공동체가 붕괴하고 숱한 생명체가 불에 타 죽었다. 군대까지 동원되었지만 이 재앙이 언제 끝날지, 끝나는 날이 오기는 할 것인지, 지금은 누구도 모를 가공할 상황이 계속되고 있다. 일부 지역에는 얼마간의 비가 내려 산불 확산 속도가 조금 느려졌다고 하지만 불길은 이미 너무도 널리 그리고 깊게 번져버렸다. 더욱이 예년의 경우를 봐서 오스트레일리아의 산불이 본격화되는 것은 이제부터라고 한다. 도시민들의 삶도 삶이지만 숲속의 원주민, 동식물들, 그리고 아까운 생태계가 얼마나 더 파괴될 것인가.

오랫동안 오스트레일리아는 우리의 뇌리 속에 아름답고 청정한 자연의 나라, 원시적 고요가 훼손 없이 보존되어 있는 나라였다. 또한 그 해변은 상쾌한 바람을 쐬며, 끝없는 파도 소리를 들으면서 넓고 긴 모래밭을 맨발로 걷는 즐거움을 향유할 수 있는 장소였다. 물론 옛날에는 어디서든 존재했던 그런 장소는 지구 전체가 개발 광풍에 휩싸이면서 어느새 특권적인 장소로 변해버린 탓에, 오스트레일리아는 많은 관광객을 유혹하는 특별한 나라가 되었다. 그런데 그 나라가 지금 유례없이 처참한 재앙을 겪고 있다. 이 사태가 잘 수습되지 않는다면 오스트레일리아는 삼류 국가로 전락할지도 모른다.

그런데 남의 불행에 대해 잔인한 말을 하는 감이 있지만 오스트레일리아의 비극은 스스로 자초한 측면이 크다고 할 수 있다. 즉, 이번의 산불은 자연적이되 동시에 비자연적인 재해라고 할 수 있기 때문이다. 많은 과학자들도 지적했지만, 특히 현지의 소방전문가들은 이번 산불이 제어불능 상태가 된 결정적인 요인이 기후변화에 있음을 강조하고 있다. 27년간의 산불진화 경력을 가진 어떤 지역 소방책임자는 자신이 평생 겪은 것 중에서 이번처럼 강도가 세고 속도가 빠른 산불은 없었다고 말한다. 그러니까 오스트레일리아의 이번 산불은 건조하고 더운 계절마다 반복되는 단순한 산불재해가 아닌 것이다. 오스트레일리아 북동쪽에 있는 세계 최장의 산호초(그레이트배리어리프)가 대규모로 사멸되어가고 있는 현상도 같은 원인, 즉 지구온난화에 의한 해수 온도 상승 때문이라고 과학자들은 지적하고 있다.

나는 오스트레일리아처럼 '좋은 환경'을 가진 나라에 왜 환경론자들이 많은지 궁금하게 생각한 적이 있다. 그러다가 알게 된 것은, 뜻밖에도 오스트레일리아가 생태적으로 매우 취약한 나라라는 사실이었다. 지금도 그곳 도시의 평균기온은 연일 40도를 훨씬 웃돌고, 곡창지대에도 가뭄이 몇 해째나 계속되고 있다. 물 부족 사태도 심각한 것으로 알려져 있다. 게다가 조만간 오스트레일리아 대륙에 비가 거의 내리지 않을 것이라는 전문가들의 예측이 있다. 기후변화의 영향으로 강우전선이 대륙 아래로 내려간 지점에서만 형성될 것이라는데,

이 예측대로라면 오스트레일리아 전역이 사막으로 변하는 것은 시간문제가 될 것이다.

이 모든 게 기후변화 탓임은 말할 것도 없다. 그런데도 오스트레일리아 정부는 기후변화와 화석연료의 연관성을 인정하지 않고, 기후위기를 걱정하는 시민들의 목소리를 무시해왔다. 이 점에서는 여당이나 야당이나 구별이 없는 것으로 보인다. 정치가들은 왜 이렇게 어리석고 무책임할까? 필시 그 주된 원인은 화석연료 산업에 과도하게 의존하고 있는 오스트레일리아의 경제구조에 있음이 분명하다. 현재 세계 전체의 이산화탄소 배출 중 오스트레일리아가 점하는 비중은 3.1퍼센트다. 오스트레일리아 인구(2,700만)가 세계 전체의 0.3퍼센트라는 점을 고려하면 큰 도덕적 책임을 느껴야 할 비중이라고 할 수 있다. 그러나 그보다 더 중요한 것은 오스트레일리아가 세계 최대의 석탄 및 천연가스 수출국이라는 점이다. 게다가 이를 수입하여 쓰는 나라들(중국, 인도, 일본, 한국, 동남아시아 국가들)은 대체로 환경규제가 느슨하고, 개발욕망이 매우 강한 나라들이다. 그러니까 자신의 화석연료 소비량과 관계없이 오스트레일리아는 지구온난화의 주범에 속하는 나라임이 틀림없고, 그런 점에서 이번의 산불재앙에는 인과응보라는 측면이 명백히 존재한다고 할 수 있다.

오스트레일리아의 재앙은 결코 강 건너 불이 아니다. 화석연료 의존도가 오스트레일리아 못지않은 한국 경제를 생각하면 더욱 그렇다. 오늘날 무역의존도가 특히 심한 한국의 주요 수

출·수입품은 석유 관련 제품 일색이다. 산유국도 아니면서 이토록 기이한 한국 경제의 틀은, 언제 어떤 파국이 닥칠지 모르는 기후변화 시대에, 극히 위태로운 자멸적 구조라고 하지 않을 수 없다. 온갖 정황으로 보건대 지금 우리에게 가장 긴급한 것은 탄소경제를 청산하고 생태문명으로 전환하기 위한 치열한 모색과 사회적 토론과 정치적 선택이라고 할 수 있다. 그런데도 지금 한국의 미디어와 지식인들은 (따져보면 화석연료 시대의 기득권 구조를 유지·강화하는 메커니즘에 불과한) 선거 이야기만 하면서 아까운 시간을 허비하고 있다.(한겨레, 2020-1-10)

코로나 사태와 장기 비상상황

세상 풍경이 너무도 생경하다. 늘 시끌벅적하던 도심에서도, 시장에서도 사람들이 사라졌다. 버스, 지하철의 승객도 현저히 줄었고, 거리의 행인들도 모두 마스크로 얼굴을 꼭꼭 감싼 채 빠른 걸음을 옮기고 있다. 조용한 동네 산책길에서도 사람들의 행동이 이상해졌다. 타인의 출현에 표정이 순간적으로 굳어지며 불편해하는 기색이 역력하다. 식당, 카페, 쇼핑몰, 영화관, 공연장을 포함한 거의 모든 공공장소들이 끔찍하리만치 적막해졌다. 늘 개방돼 있던 학교 운동장들도 일제히 닫혀버렸다. 세계에서 가장 '역동적'이라고 소문난 한국인들의 일상생활이 이토록 가라앉아버리다니, 믿어지지 않는다.

하기는 한국만 이런 게 아니다. 중국은 말할 것도 없고, 이란, 이탈리아, 일본, 미국, 프랑스, 독일 등, 코로나바이러스 확산 우려가 있는 곳은 어디서든 비슷한 풍경이 벌어지고 있다. 뉴욕에서도 레스토랑에 손님이 끊겼다는 소식이 들리고, 세계적인 관광 명소들이 폐쇄된 이탈리아에서는 식료품점의 파스타가 동나고, 심지어 마스크 한 장을 구하는 데도 50~60 유로라는 고액을 치러야 할 형편이라고 한다. 그러니까 한국은 예외적으로 나쁜 경우가 아닌 모양이다(존스홉킨스대학의 한 연구소가 작년 10월에 발표한 '2019년도 세계보건안전성 지표'라는 것을 보면, 195개국 중 한국은 세계적 유행병에 대응할 준비가 가장 잘 되어 있는 최상위 10개국에 속해 있다. 이 10개국에 포함된 비서구 국가는 타이(6위)와 한국(9위)뿐이고, 이탈리아도 독일도 여기에 들어 있지 않다. 그럼에도 한국의 코로나 사태가 이렇게 악화된 것은 물론 '신천지' 탓이 크다. 하지만 '신천지'도 결국은 피해자이다. 이 점을 잊고 그들을 손쉬운 희생양으로 삼으려 한다면, 그것은 매우 우둔한 짓이다).

돌이켜보면, '사스'나 '메르스'가 유행할 때도 이 정도는 아니었다. 지금 바이러스에 실제로 감염된 사람들은 논외로 하고, 보통의 생활인들이 행하고 있는 이 '자가격리'에는 좀 과도한 측면이 있어 보이는 것도 사실이다. 의료계의 견해로는 이 신종 코로나바이러스는 감염력이 강하기는 하지만 치사율도 그리 높지 않고, 대부분은 가벼운 증세를 유발할 뿐이라는데, 왜 우리는 이토록 공포에 질려 있을까. 그러나 가장 걱정스러운 것은 정상적인 사회생활이 일절 중단된 이 상황을 우리가 언제까지 견딜 수 있을까 하는 점이다. 아마도 오래가지는 않을 거라는 믿음으로 지금은 버티고 있겠지만, 사태가 장기화되면 어떻게 될까. 심각한 경기침체로 인한 시련 이외에도, 장기간의 고립에 따른 우울증이나 스트레스 등, 정신적 고통의 광범한 확산이라는 또다른 큰 재난을 우리는 겪어야 할지 모른다.

그런데 중요한 것은, 이번의 코로나 사태는 어떻든 종료되는 날이 오겠지만, 이와 같은 신종 바이러스들은 앞으로 더욱더 빈번히 창궐할 것이라는 점이다. 왜냐하면 이 사태의 근본적 원인으로 과학자들이 지목하는 현상, 즉 환경파괴와 기후변화의 영향으로 서식지를 잃은 야생동물들이 인간사회 가까이로 접근해올 확률은 매우 높고, 그 과정에서 야생동물과 인간의 접촉을 통해서 바이러스들이 인체로 건너오는 현상이 더욱 빈발할 것이기 때문이다. 그렇게 되면 우리는 끊임없이 출현할 신종 병원체들 때문에 하루도 편할 날이 없는, 즉 항구적인 비상상황에서 살아가지 않을 수 없을 것이다.

게다가 생태계가 광범하게 파손된 상황에서는 바이러스만인간을 괴롭히는 게 아니다. 무엇보다 기후변화에 의한 가공할 재난들은 이미 현실이 되고 있다. 갈수록 극성스러워지는 홍수, 태풍, 가뭄, 기근, 물 부족은 말할 것도 없고, 생물종의 대량멸종 사태에 따른 재앙 등등, 생각만 해도 끔찍한 지뢰밭들이 우리 모두의 미래가 될지도 모른다. 아직도 기후위기라고 하면 기껏 에어컨이나 전기자동차를 떠올리는 도시인들이 적지 않지만, 이제는 자동차의 유리창에 부딪히는 곤충들마저 확연히 줄었다는 것을 몸소 체험하면서 막연하게나마 불안을 느끼지 않는 사람은 드물 것이다.

작년 7월 이후 전례 없이 혹심한 산불로 대재난에 봉착했던 오스트레일리아(호주)는 최근 쏟아진 대량의 비 덕분에 전면적 참화는 모면했다. 그 산불로 인해 원시림을 포함한 호주의 광대한 삼림지대가 잿더미가 되고, 토착민들의 삶터가 붕괴되고, 10억 마리가 넘는 동물들이 목숨을 잃었다. 생태계의 균형이 돌이킬 수 없이 깨진 것은 말할 것도 없다. 그리하여 아름답고 평화로운 경관으로 명성이 높았던 이 나라의 생존의 자연적 토대는 엄청난 손상을 입은 것으로 보인다. 〈뉴욕타임스〉의 최근 르포기사에 의하면, 지금 호주인들 중에는 이 끔찍한 사태를 통해서 그동안 '이론적으로만 알고 있던' 기후변화의 의미를 비로소 깨닫게 된 사람들이 많다고 한다. 그리하여 그들은 이제는 '모든 것이 바뀌어야' 할 때라고 힘주어 말하고 있다. 즉, 화석연료를 그만두고 재생에너지 시스템으로 전환해야 하는 것은 물론, 종래의 온갖 제도와 관행 그리고 생활방식과 사고습관의 근본적 전환도 필요하다는 것이다. 예컨대, 휴가라면 으레 항공여행이나 크루즈 따위를 생각하는 습관을 버리고, 사람이 행복하게 산다는 게 과연 무엇인지 깊이 숙고하지 않으면 안된다는 것이다. 그러니까 끔찍한 재난을 겪고 난 호주인들이 지금 생각하는 것은 정치·경제적 변혁과 동시에 더욱 근원적인 변혁, 말하자면 '문화혁명'까지 포함하는 것으로 보인다. 인간의 깨달음은 왜 꼭 처참한 비극을 겪은 다음에야 오는지 모르지만, 어쨌든 호주인들의 이 통절한 깨달음에 담긴 메시지는 인류사회 전체를 위해 시사해주는 바가 매우 크다고 할 수 있다.

제임스 쿤슬러라는 미국의 작가가 쓴 《장기 비상상황》(2005, 번역본은 《장기비상시대》(2011))이라는 책이 있다. 이것은 현대문명이 화석연료에 의존하고 있는 한, 급진적인 전환 없이 이대로 간다면 앞으로 인류는 적어도 수백 년 이상 '비상상황'에서 살아갈 수밖에 없음을 상세히 논증하고 있는 책이다. 쿤슬러의 예견은 별로 새로운 것은 아니다. 그것은 오래전부터 선구적인 생태사상가들이 줄곧 해왔던 이야기다. 다만 이 책은 좀더 과감하게 발언하고, 종합적인 그림을 보여준다는 점에서 주목을 끌었는데, 저자는 우리가 비록 늦었다고 생각될지라도 시골의 작은 공동체들로 돌아가 자립성을 기를 것을 제안한다. 이러한 생각에 공감을 하든 하지 않든, 우리가 냉정히 인정해야 할 것은 온갖 정황으로 봐서 우리는 지금 장기적인 비상상황에 이미 들어섰다는 사실이다. 코로나바이러스로 인한 이 갑갑한 상황은 그 신호 중의 하나라고 할 수 있다.(한겨레, 2020-3-6)

코로나 환란, 기로에 선 문명

인류가 소위 문명생활을 시작한 이래, 역병은 인간사회를 끊임없이 괴롭혀왔다. 세계의 역사는 어떤 점에서 전염병의 역사라고 해도 좋을지 모른다. 때로는 국지적으로, 때로는 대륙 전체에 걸친 역병의 창궐과 그 후유증으로 세계사의 큰 흐름이 바뀌는 경우도 없지 않았다. 어떻게 보면, 인간의 삶을 뿌리째 흔들어 놓고 세계사의 물줄기를 변화시킨 결정적인 요인은 생산력의 발전이나 계급투쟁 혹은 전쟁이 아니라, 감염력이 강하고 치사율이 높은 전염병이었는지도 모른다.

아마도 대표적인 예는 중세 말기 유럽 전역을 휩쓸었던 페스트일 것이다. 당시 중국 쪽에서 시작된 페스트균이 실크로드를 타고 유럽으로 이동·확산함으로써 유럽 인구의 태반이 희생되었다는 것은 잘 알려진 사실이다. 그런데 중요한 것은, 그 대규모 인명 소실로 유럽 중세 질서가 결정적으로 붕괴하기 시작했다는 점이다. 특히 큰 피해를 입은 농노와 하층민의 인구가 대폭 줄어들자 중세 질서의 하부구조, 즉 농노제의 지속적인 유지는 크나큰 난제가 되었다. 그리하여 '대항해시대'가 열리고, 불같은 열정으로 신대륙을 탐사하려는 움직임이 시작되지만, 이는 기본적으로 꽉 막힌 폐색상황을 타개하려는 유럽인들의 필사적인 기도에서 비롯된 기획들이었다.

역병의 역사에서 빠뜨릴 수 없는 또하나의 중요한 이야기는 고대 아테네의 비극적 재난이다. 기원전 430년, 스파르타를 상대로 벌인 펠로폰네소스전쟁 2년째, 아테네는 돌연히 전염병의 창궐에 휩싸였고, 그 때문에 결국 전 인구의 거의 3분의 1이 희생되는 참사를 겪었다. 이 정체불명의 괴질 앞에서는 건강한 젊은 병사들도 속수무책이었다. 그뿐만 아니라 아테네의 영웅적인 지도자 페리클레스와 그 아들들도 괴질의 희생사가 되고 말았다. 그리하여 전쟁 중에 지도자를 잃고, 대규모의 병력을 잃은 아테네 군대는 기진맥진한 상태에서 전쟁을 치를 수밖에 없었다. 단지 대규모의 병력 손실만이 문제가 아니었다. 괴질이 창궐하여 가족, 친지, 수많은 동료 시민들이 느닷없이 죽임을 당하는 일이 계속되자, 아테네인들의 인생관과 윤리관에 큰 동요가 일어난 것이다. 그리하여 그들은 자기절제의 기율을 팽개쳐버리고, 법을 우습게 여기고, 더이상 신을 섬기지도 않고, 찰나적인 향락에 빠져버리기 시작했다고, 당대의 역사가 투키디데스는 《펠로폰네소스 전쟁사》에서 기록하고 있다.

당연한 일이지만, 아테네인들 사이의 이러한 풍속의 변화는 아테네 민주주의의 질을 떨어뜨리는 결과로 이어졌다. 튼튼한 민주주의가 성립하려면 무엇보다 자기절제라는 시민적 덕성이 살아있어야 한다고 역설한 이는 그리스 출신의 20세기 철학자 코르넬리우스 카스토리아디스였다. 인간이 전지전능한 존재일 수 없다는 것을 자각하고, 겸허한 마음으로 분수를 지키려는 자세야말로 민주주의의 불가결한 성립요건이라는 그의 통찰은 고대 아테네 민주주의에 대한 독창적인 탐구의 성과였다. 그런데 바로 자기절제라는 민주주의의 정신적 기초가 무너짐으로써 아테네 민주주의는 불가피하게 쇠락하지 않을 수 없었고, 그로 인한 정치적·사회적 혼란 끝에 마침내 마케도니아라는 외부세력의 침략을 받고 속절없이 무너지고 말았던 것이다.

지금 코로나바이러스로 세계 전체가 '환란'이라고 표현할 수밖에 없는 비상상황에 처해 있다. 아직 백신도 치료제도 없는 탓에 오직 '사회적 거리두기'만이 그나마 유용한 대응책일 수밖에 없으므로, 기존의 익숙한 사회생활이 거의 전면적으로 작동정지 상태가 되었다. 이에 따른 개인적·사회적 피해는 측량할 수 없을 만큼 막대한 것이 되어가고 있다. "제2차 세계대전 이래 최대의 위기"라는 메르켈 독일 총리의 말은 전혀 과장된 말이 아니라고 할 수 있다.

그러나 위에서 보았듯이, 코로나 사태는 인간의 역사에서 전혀 낯선 종류의 경험이 아니다. 고대, 중세의 역병과 다른 게 있다면 감염 속도가 대단히 빠르고, 그 범위가 전지구적이라는 점이다. 말할 것도 없이, 이는 자본주의의 폭주, 과잉 산업발전과 소비주의의 소산이다. 오로지 이윤과 성장을 추구하는 데 혈안이 되어 무절제한 탐욕의 정신이 온 세상을 압도하는 바람에 야생생물들의 서식지를 포함한 생태계는 대대적으로 파괴되었고, 거기에 자본, 물자, 사람의 대량 이동을 끊임없이 부추기는 신자유주의적 자유무역 논리까지 합세하여 지금과 같은 파국적 상황이 전개된 것이다.

역사가 가르쳐주는 것은, 역병의 창궐이라는 상황에서 사람들이 어떻게 반응하느냐에 따라 문명의 흥망이 결정된다는 사실이다. 그러므로 중요한 것은, 이 상황의 본질과 성격을 먼저 정확히 이해하고 평가하는 것이라고 할 수 있다.

지금 많은 사람들은 정상적인 생활로의 복귀를 고대하며, 백신이나 치료제의 조기 개발이 급선무라고 생각하는 것으로 보인다. 하지만 종래의 생활이 과연 '정상적'인 생활이었는지 우리는 물어볼 필요가 있다. 뉴스에 의하면, 지금 세계 곳곳에서 소비와 산업 활동이 일시적이나마 정지 내지는 둔화되자, 대기가 청명해지고, 소음이 잦아들고, 자연 만물이 모처럼 생기를 되찾았다. 이는 종래의 생활이 결코 정상적인 것이 아니었음을 알려주는 확연한 증표가 아닌가. 그렇다면 길은 하나, 더이상 생태계에 폭력을 가하지 않고 인간다운 생존·생활이 가능한 시스템을 구축하는 길밖에 없다고 할 수 있다. 그러니까 아직도 우리들 대다수가 미련을 버리지 못하고 붙들려 있는 신화, 즉 새로운 과학기술의 개발을 통한 끊임없는 성장(혹은 진보)의 추구라는 관념과 깨끗이 결별하는 게 진짜 급선무인 것이다.

온갖 징조로 봐서, 앞으로 코로나바이러스와 유사한 역병은 빈발할 것임이 틀림없다(존스홉킨스대학의 보건연구팀에 의하면, 오늘날 신종 바이러스는 연간 200종이 넘게 출현하고, 그 대부분은 잠재적으로 '팬데믹'을 유발할 수 있는 바이러스들이다). 현실이 이런데도 역병이 창궐할 때마다 백신과 치료제를 찾느라고 허둥댈 것인가.

물론 당장은 기술적 해법을 찾아야 하겠지만, 보다 근본적인 대책은 우리 모두의 정신적·육체적 면역력을 증강하는 방향이라야 한다. 따라서 우리는 더이상의 생태계 훼손을 막고, 맑은 대기와 물, 건강한 먹을거리를 위한 토양의 보존과 생태적 농법, 그리고 무엇보다 단순·소박한 삶을 적극 껴안지 않으면 안된다. 우리를 구제하는 것은 사회적 거리두기도 마스크도 손씻기도 아니다. 또, 장기적인 고립생활이 면역력의 약화를 초래한다는 것도 기억할 필요가 있다. 이 세상에서 가장 무서운 것은, 공생의 윤리를 부정하는, 그리하여 우리 모두의 면역력을 체계적으로 파괴하는 탐욕이라는 바이러스다.(한겨레, 2020-4-17)

코로나 사태, 활로는 무엇인가

코로나바이러스로 인한 비상상황이 벌써 몇 달째 계속되고 있다. 중국, 한국을 포함해서 여러 나라에서 이제 엄격한 '사회적 거리두기'를 멈추려는 움직임이 시작되기는 했으나, 이는 코로나 사태가 실제로 진정국면에 들어섰기 때문이라기보다, 더이상의 경제·사회적 피해는 곤란하다는 정부 책임자들의 생각 때문이다. 그러니까 시민들의 대면적 접촉을 엄격히 제한하는 방침을 다소나마 완화하려는 것은, 의학적인 판단이 아니라 어디까지나 정치적 판단에 따른 결정인 셈이다.

과연 이 정치적 결정이 희망대로 성공할지는 지금으로서는 아무도 장담할 수 없다. 다소 수그러든 감염 상황이 언제 다시 폭발적으로 확산될지 알 수 없는 것이 세계적 유행병의 한 특징이기 때문이다. 가까운 예로, 1918년의 스페인독감은 그해 봄에 시작되어 그다지 큰 피해는 끼치지 않고 사라진 것처럼 생각되었지만, 느닷없이 늦여름에 재발현하여 수백만에 이르는 막대한 인명을 희생시켰던 것이다. 그것은 바이러스가 그간에 변이를 일으켜 악성으로 변한 탓이었다. 지금의 코로나바이러스는 스페인독감처럼 악성 변종이 될 가능성은 별로 없다는 게 몇몇 전문가들의 견해이긴 하지만, 어차피 추측일 뿐 확실성이 있는 전망은 아니다.

물론, 이런 사실을 정부 당국자들이 모를 리 없을 것이다. 그럼에도 불구하고, 이른바 '생활방역체계'라는 다소 느슨한 방식으로 전환하겠다는 것은 국가의 경제기반의 붕괴를 마냥 방관할 수 없는 입장에서는 어쩔 수 없는 선택일지도 모른다. 상당한 모험을 무릅쓰고라도, 산업생산과 소비활동의 재활성화를 시도하는 게 정부의 책임이라고 느끼는 것은 당연하다고 할 수 있다.

또한, 경제문제 말고도 고려해야 할 게 있을 것이다. 즉, 세상에는 장기적인 고립생활을 버텨낼 수 있는 사람들이 별로 많지 않다는 점이다. 고립생활로 인한 경제적 피해도 문제지만, 고립생활의 장기화로 인한 스트레스, 불안, 우울증 등 정신적 고통을 이겨낼 수 없는 사람들도 실제로 허다하기 때문이다. 최근 일부에 국한된 현상이긴 하지만, 미국 시민들 중 상당수가 몇몇 주정부의 엄격한 통제에 반발하여 거리로 몰려나와 항의를 하면서 총기까지 휘둘러대고 있다는 뉴스는 그리 놀라운 뉴스라고 할 수는 없다. 인간이란 원래 이성적인 존재라기보다, 근원을 알 수 없는 충동과 욕망과 정념에 휘둘려 때로는 스스로 자신의 무덤을 파는 일도 주저하지 않는 존재이기 때문이다.

그러니까 지금 세계의 정부들은 단지 역병 그 자체 때문만이 아니라, 이 역병에 관련해서 중대한 딜레마에 처해 있는 셈이다. 거칠게 요약하자면, 그것은 생명이냐 경제냐 하는 선택의 딜레마라고 할 수 있다. 시민들의 생계를 위해서는 경제가 살아나야 하지만, 경제를 살리자니 상당한 인명 손실을 각오하지 않으면 안되는 것이다. 이와 같은 딜레마에서 빠져나올 수 있는 명쾌한 선택은 현실적으로 불가능하다. 이런 경우, 대개 사람들은 어느 정도의 타협 혹은 협상이 필요하다고 생각한다. 그리하여 면역력이 상대적으로 약한 건강 약자들—주로 고령층과 빈곤층—의 희생은 불가피한 것으로 간주하고 경제를 살리는 쪽에 역점을 둘 것인가, 아니면 상당한 경제적 희생을 각오하고 시민들의 생명을 지키는 방향으로 좀더 적극적으로 갈 것인가, 둘 중 하나의 형태로 해결책이 강구될 수밖에 없을 것이다.

그런데 현대국가는 거의 예외 없이 전자를 택할 가능성이 높고, 실제로 지금 돌아가는 상황을 봐도 대체로 그 방향임이 분명해 보인다. 물론 이것은 조금도 놀라운 일이 아니다. 이렇게 되는 것은 무엇보다, 오늘날 '경제성장'이라는 신(神)을 섬기지 않는 국가가 거의 없기 때문이다. 사실 이는 꼭 현대 자본주의국가에 국한된 현상이라고 할 수는 없다. 일찍이 18세기 계몽주의 사상가들은 '사회계약'의 논리로써 '(인민의) 생명, 자유, 재산'을 보호하기 위한 장치로서 근대적 국가의 존립을 정당화했으나, 그 이후 실제로 국가권력은 어디서나 대다수 인민의 생명과 자유보다는 (유산계급의) 재산을 보호·장려하는 데 집중해왔다는 것은 근현대의 역사가 잘 알려주고 있는 사실이다.

하기는 '경제성장'이라는 주술은 국가뿐만 아니라 다수 민중에게도 강력한 영향력을 행사하고 있다. 오래전부터 일반 대중의 뇌리에는 경제가 성장을 하지 않으면 죽는다는 생각이 깊이 박혀져왔고, 그러한 세뇌작용의 연장선상에서 지금 코로나 환란의 와중에서도 수많은 사람들은 정부 당국자 못지않은 걱정과 불안 속에서 나날을 보내고 있다. 그렇기에 지난 수개월간 코로나로 인해 목숨을 잃거나 정신적 상해를 입은 사람들의 존재는 단지 그날그날 방역당국이 발표하는 수치 이외의 별다른 의미를 갖지 않는지도 모른다. 하기는 오늘의 세상인심을 생각하면 이는 당연한 현상일지도 모른다. 예를 들어, 외국의 예이긴 하지만 국가경제를 위해서는 고령층이나 사회적 약자와 소수자들은 희생되어도 좋다는 파시스트적인 사고를 노골적으로 드러내거나 은밀히 내비치는 정치가들도 적지 않은 세상이니 말이다.

그런데 이처럼 국가가 경제 살리기에 열중하는 것은, 이렇게 하면 조만간 코로나 사태 이전의 상황으로 돌아가 경제적 활력을 되찾을 것이라는 암묵적인 기대가 있기 때문일 것이다. 그러나 과연 그 기대는 합리적인 것일까? 설령 그게 가능하다고 할지라도, 코로나 이전의 경제라는 게 과연 되찾을 만한 가치가 있는 것일까?

이 질문에 대한 답을 찾기 위해서 우리는 멀리 갈 필요가 없다. 지금 전세계적으로 산업생산과 소비활동이 둔화하거나 정지되는 상황이 몇 달째 계속되자 우리는 참으로 뜻밖의 경험을 하고 있다. 즉, 대기가 청명해지고, 하늘과 바다가 조용해지고, 도심이 한가로워지고, 자연만물이 생기를 되찾은 것이다. 코로나 때문에 사람들의 삶이 매우 부자유스러워졌다고는 하지만, 코로나 이전의 우리의 삶은 미세먼지 지옥에 갇혀 있었다. 그 지옥 속에서 한창 자라나는 아이들까지 뛰놀지도 못하고, 건강에 자신이 없는 사람들은 불안 속에서 조마조마한 나날을 지낼 수밖에 없었다. 세계보건기구(WHO)의 추산에 의하면, 최근 몇년 동안 세계적으로 미세먼지로 인한 추가적인 사망자의 수효는 연간 400만을 넘는다. 이것은 지금까지, 그리고 앞으로 예상되는 기간 동안, 코로나바이러스로 인한 사망자의 수효를 훨씬 능가하는 수치이다. 더욱이 산업문명의 전 지구적인 팽창으로 인한 생태계의 손상—그리고 이에 따른 사회적 약자들의 희생—은 대기오염 정도에 그치지 않는다는 것을 우리는 너무나 잘 알고 있다. 이 점을 생각할 때, 코로나 이전의 상황으로 복귀한다는 것은 끔찍한 일이라고 하지 않을 수 없다.

그러므로 우리는 지금 단순히 코로나 이전의 생활로의 복귀를 바랄 것이 아니라, 코로나 사태가 무엇을 말하는지 좀더 근원적인 깨달음을 얻을 필요가 있다. 이미 많은 과학자들은 코로나 사태의 원인이 기본적으로 야생동물들의 서식지에 대한 파괴에 있다는 점을 지적했다. 그렇다면 코로나 사태도 결국 생태적 재난의 일부로 간주되어야 한다.

물론 고대, 중세에도 역병은 창궐했다. 그런데 조금 자세히 보면, 기원전 430년 고대 아테네에서 정체 모를 역병이 창궐한 것이나, 14세기 중엽 유럽을 휩쓴 페스트는 각기 당대에 가장 인구가 밀집되어 있던 지역, 즉 교역활동이 성행하는 무역항이나 지중해 연안 상업도시들을 거치면서 들불처럼 번졌다는 사실을 확인할 수 있다. 이 사실은, 인간사회를 괴롭히는 역병 창궐의 배경에는 언제나 과도한 도시화, 상업화, 교역활동이 있었고, 지금도 그렇다는 것을 알려준다. 현재의 코로나바이러스가 고대, 중세의 역병에 비해 차이가 있다면, 감염 속도가 매우 빠르고 그 확산 범위가 전지구적이라는 점인데, 이는 인류역사상 유례가 없는 규모로 지구화된 세계경제 탓임은 말할 것도 없다.

지금 많은 전문가들은 코로나 사태와 유사한 상황이 앞으로 빈발할 것이라고 경고하고 있다. 그렇게 예상하는 것은 첫째 오늘의 인류사회가 지구의 구석구석까지 촘촘한 교역망으로 연결되어 있기 때문이다. 게다가 지난 2~3세기 동안 화석연료 대량 소비와 기계·기술 시대를 거치면서 세계는 지금 인구과잉 상태이다. 거기에 세계를 압도하는 경제성장 논리는 필연적으로 온갖 환경파괴를 수반한다. 이런 모든 조건을 감안할 때, 서식지를 잃은 야생동물들이 인간사회로 근접해올 가능성은 점점 높아지고, 따라서 인간과 동물의 빈번한 접촉에 의한 역병의 창궐은 충분히 예견되는 재난이라고 할 수 있다. 과학자들의 이러한 예견이 실제로 현실이 된다면, 지금부터 적어도 몇십 년간 인류사회는 어떻게 될까? 기후변화라는 파국이 이미 닥친 상황에서 역병까지 빈발하면, 경제활동은 물론, 사회적 생활이 전면적으로 정지되는 사태가 끊임없이 벌어질 것임은 불문가지라고 할 수 있다.

중요한 것은, 사태의 성격에 대한 정확한 이해와 판단이다. 즉, 코로나 사태의 원인은 기후변화의 원인과 다르지 않다는 점에서 우리는 출발해야 한다. 그렇다면 해결책은 명확하다. 즉, 기후변화를 초래하는 원인인 화석연료 의존적 경제에서 벗어나 재생에너지와 자원의 순환적인 활용을 기반으로 하는 경제로 신속히 전환하는 방법 말고는 없는 것이다(기후파국을 막으려면 2030년까지, 앞으로 10년 동안, 현재의 화석연료 사용량의 절반을 줄여야 한다는 게 다수 기후과학자들의 일치된 의견이다).

그러나 그러한 전환의 노력보다 어쩌면 선행돼야 할 보다 중요한 것은, 성장논리에 입각한 현재의 산업경제가 얼마나 어리석고 자멸적인 것인가에 대한 통절한 인식일 것이다. 왜냐하면 생계를 부양하는 방법이 생명·생존의 궁극적 토대인 자연세계를 끊임없이 파괴하는 식으로 전개되고 있는 산업경제의 정체를 똑똑히 인식해야만 이 시점에서 그러한 '전환'이 왜 절실한지에 대한 사회적·정치적 합의가 이루어질 수 있을 것이기 때문이다.

하기는 근년에 들어 기후위기에 관련해서 기존의 화석자원 기반 경제를 청산해야 한다는 목소리가 부쩍 커진 것은 사실이다. 그리하여, 예컨대 '그린뉴딜'이라는 아이디어가 새로이 부각되고, 재생가능에너지의 신속하고 광범한 보급의 필요성에 대한 사회적 인식이 높아진 것은 사실이다. 그러나 화석에너지에서 재생에너지로 전환하는 것만이 전부일 수는 없다는 점을 또한 우리는 주의해야 한다. 아니, 그 전환의 구체적인 실현을 위한 불가결한 조건으로서도, 아마 지금 가장 필요한 것은 '좋은 삶'이 과연 무엇인지에 대한 숙고된 질문일 것이다.

우리는 오랫동안 별생각 없이 물자와 에너지를 흥청망청 소비하는 생활을 '풍요로운' 삶이라고 오해하고, 휴가라면 으레 항공여행과 골프와 크루즈 항행 따위를 떠올리면서 그게 '좋은 삶'이라고 믿는 정신적 빈곤 속에서 지내왔다. 그러나 불행 중 다행으로, 코로나 사태로 인해 우리에게 '좋은 삶'에 대해 차분히 들여다볼 수 있는 드문 기회가 주어졌다. 그리하여 싫든 좋든 '사회적 거리두기'를 실행하지 않으면 안되는 고립생활의 경험을 통해서, 우리는 실제로 사람의 삶에서 무엇이 더 중요하고 덜 중요한 것인지, 무엇이 필수적이며 무엇이 사치스러운 허영인지를 부지불식간에 생각하지 않을 수 없게 되었다.

그 결과, 우리는 인생에서 가장 소중한 가치는 '풍요'가 아니라 '자유'라는 것을 통감하게 되었다. 그뿐만 아니라, 상당 기간의 억제된 소비생활 끝에서 우리는 뜻밖에도 우리의 삶에서 정말 필요한 물건은 몇 가지 안된다는 사실을 발견했다. 건강한 먹을거리와 그것을 뒷받침하는 좋은 농사와 노동, 비옥한 흙과 맑은 공기와 물, 그리고 이 모든 것을 가능하게 하는 좋은 인간관계와 공동체적 연대 이외의 모든 것은 결국 '쓰레기'에 지나지 않는다는 것도 우리는 깨달았다. 따져보면, 현대 경제가 생산하는 것은 거의 전부가 쓰레기라고 해도 과언이 아니다. 그런 쓰레기를 양산하고, 그런 쓰레기를 향유하기 위해서 산업문명은 하늘과 바다를 더럽히고, 생명체들의 서식지를 파괴하고, 사회적 약자들의 인권을 구조적으로 유린하는 만행을 끝도 없이 저질러온 것이다.

일찍이 프랑스혁명과 미국혁명에 불을 지핀 급진적 사상가 토마스 페인이 공화주의 혁명사상을 고취하려는 목적으로 썼던 팸플릿의 제목은 '상식'이었다. 그는 군주제가 아니라 공화제야말로 새로운 시대의 상식임을 말하고자 했던 것이다. 그와 마찬가지로, 우리에게도 지금 새로운 상식이 절실히 필요하다고 할 수 있다. 즉, 이윤추구의 경쟁이 아니라 공생의 윤리와 실천만이 우리의 인간다운 삶을 보장한다는 상식 말이다. 생각해보면, 공생의 윤리는 인류사의 오래된 경제적 상식이었다. 역사가들이나 인류학자들이 '도덕적 경제'라는 이름으로 불러온 경제행위가 바로 그것인데, 그 핵심에는 물질적 이익의 증진이 아니라, 돈독한 인간관계와 공동체를 유지하는 것이 경제의 궁극적 목적이라는 아이디어가 들어 있었다.

다행스럽게도, 코로나 사태라는 비상상황 속에서 우리는 공생의 윤리가 새로운 상식으로 발전할 수 있는 단초를 볼 수 있게 되었다. 예를 들면, 기본소득이나 노동시간 단축이라는 아이디어의 실현 가능성 말이다. 아직도 오해하는 사람들이 없지는 않지만, 기본소득은 무엇보다 임금노예를 철폐할 수 있는 가장 유력한 수단일 수 있는데, 그 기본소득이라는 개념이 이번의 비상상황을 통해서 꽤 널리 알려지게 된 것이다. 다른 한편, '사회적 거리두기' 때문에 대면접촉이 어려워진 상황에서 우리는 전자정보기술과 인공지능, 로봇기술의 유효성과 그 한계(혹은 문제점)에 대해서 숙고할 기회를 갖게 되었다. 그 결과, 인간이 더이상 단조로운 기계적인 노동과정에 붙들려서 인생을 허비할 필요가 없다는 점도 새삼 분명해졌다.

물론, 지금 정부가 추진하는 재난지원금을 그대로 기본소득의 한 형태로 간주하기는 어렵고, 노동시간 단축의 실현이라는 과제도 그리 만만한 일이 아니라는 것도 확실하다. 그러나 어쨌든 기본소득이라는 아이디어가 이 기회를 통해서 하나의 사회적 상식으로 떠올랐다는 것, 그리고 노동시간이 획기적으로 단축되더라도 생존에 필수적인 진짜 경제는 거의 피해를 입지 않는다는 점이 명확해졌다는 것은, 그 자체로 큰 수확이라고 해도 좋을 것이다.

그러나 우려스러운 것은, 국가권력과 지배층의 구태의연한 사고방식이다. 예컨대, 지금 문재인 정부는 새로운 시대를 열겠다면서 4차 산업혁명에 대한 의욕을 또다시 강력하게 표명하고, 이에 대한 과감한 투자를 통해서 '경제 선진국'을 만들겠노라고 공언하고 있다. 하지만 이는 전형적으로 시대착오적인 사고의 발현임은 말할 것도 없다. 경제와 사회구조의 근본적인 혁파가 이루어지지 않는 한, 모든 기술혁신은 언제나 탐욕스러운 자본의 이익을 증대시키는 데 기여할 뿐임은 자본주의의 역사에서 반복적으로 입증되어온 사실이다. 게다가 4차 산업혁명이라는 것이 구체적으로 무엇이건, 한 가지 확실한 것은 그 기술혁명으로 필연적으로 노동자들의 일자리가 대규모로 사라진다는 점이다.

고대 로마제국에 한 영민한 기술자가 있어서 자신이 발명한 노동절약적 장치를 무거운 물건을 옮기는 데 쓰면 좋겠다고 황제에게 진언했을 때, 당시의 황제 베스파시아누스는 그를 칭찬하면서도 '나는 내 백성들을 먹여 살려야 한다'면서 그

기술의 채택을 거부했다. 이것은 새로운 기술을 무조건 거부해야 한다는 이야기가 아니라, 국가운영의 책임자라면 민중의 삶에 대한 장기적이고, 깊고 섬세한 배려가 있어야 한다는 것을 말하는 일화라고 할 수 있다.

그뿐만 아니다. 우리는 오늘날 기후변화를 비롯한 생태적 위기는 거듭된 기술혁신의 결과이기도 하다는 점을 결코 간과해서는 안된다. 그 점을 잊고 또다시 새로운 기술로써 난국을 타개하려는 것은 매우 우매한 태도라고 하지 않을 수 없다. 우리의 활로는 또다른 기술혁신에도, 새로운 국부의 창출에도 있지 않다. 뒤늦게나마, 우리는 이제부터라도 오직 공생의 정신에 의거한 유무상자(有無相資)의 생활윤리를 철저히 습관화함으로써만 우리와 다음 세대의 인간다운 생존·생활이 가능하다는 사실을 수긍하지 않으면 안된다. (민중의소리, 2020-5-6)

발언 III

김종철 칼럼집
2016. 1.~ 2020. 5.

2022년 4월 11일 초판 제1쇄 발행

저자   김종철
발행처   녹색평론사

주소   서울시 종로구 돈화문로 94 동원빌딩 501호
전화   02-738-0663, 0666
팩스   02-737-6168
웹사이트   www.greenreview.co.kr
이메일   editor@greenreview.co.kr
출판등록   1991년 9월 17일 제6-36호

ISBN 978-89-90274-90-8 04300
ISBN 978-89-90274-82-3(세트)

값 11,000원